# Tatjana Gerhard

# Tatjana Gerhard

Helmhaus Zürich
Verlag für moderne Kunst Nürnberg

# INHALT



# CONTENTS

# ERINNERN UND ERFINDEN
Von Simon Maurer

Skurrile Geschöpfe geistern in Tatjana Gerhards Welt umher. Zwischen Tagtraum und Albtraum changierende Dramen gerinnen in Gerhards Ölmalerei zu zweideutigen Schlüsselmomenten. Maskiert und entblösst zugleich, finden sich ihre Protagonisten exponiert auf bühnenhaftem Gelände wieder. Ein unschuldiger Ernst umgibt sie. Darin ganz aufgehend, wirken sie fast komisch. Wie weit die Reflexionsfähigkeit dieser Figuren reicht, bleibt irritierend unklar. Kindhaftes und Greises verschmelzen, Macht kippt in Ohnmacht und wieder zurück, physische und psychische Gewalt begegnen sich. Archaische Emotionalität, nach aussen gestülpte Isolation: Die Abgründigkeit von Gerhards Bildern berührt an wunden Punkten.

«Wer das hier gelesen hat, braucht sich vor nichts mehr zu fürchten.» Der Satz steht auf einem kleinen, ausgerissenen Papier und ist irgendwo in Tatjana Gerhards Atelier an die Wand geheftet. Wer das hier gemalt, gesehen, wer das hier gelesen hat, braucht sich vor nichts mehr zu fürchten. Malen als Gegenmittel gegen die Furcht? Kunst rezipieren als Immunisierungsprogramm gegen die Angst?

Die Strategie ist bekannt, seit es Furcht gibt: Totems, Masken, die im heidnischen Brauchtum getragen werden, religiös motivierte Schockallegorien, Horrorfilme. Um das Böse zu bannen, haben Menschen seit jeher Wesen geschaffen, Bilder gemalt, sich verkleidet… Tiere machen es ihnen vor: Sie fletschen die Zähne auch aus Angst und machen sich so zum Monster, das sie gar nicht sind.

Bilder als Schutzschilder gegen das Grauen? Tatjana Gerhards Malerei ist eine Flucht nach vorn. Die Quellen ihrer Bildmotive können nicht nur konkrete Erinnerung sein, die sie schürt und aus der sie schöpft. Die Quellen haben sich längst verselbständigt und in eigene Dimensionen weiterentwickelt. Aus dem Erinnern ist Erfinden geworden.

Unmöglich kann alles erlebt sein, was die Künstlerin uns darbietet – zum Glück. Was bringt sie dazu, ihre Vorstellungen, ihre Vorstellungskraft in physische und psychische Gefilde zu steuern, die gemeinhin besser gemieden werden? Ist ihre Furcht grösser als die unsrige? Braucht sie deshalb auch grössere Schutzschilder? Oder hat sich aus der Not, sich zu schützen, auch eine Lust am Sich-Schützen ergeben? Im Sinne von proaktiver Prävention vielleicht? Ist mit der Ausweitung des Territoriums der Furcht auch die Lust gestiegen, Szenarien zu erfinden, die Angst machen?

Erst erschrickt man über den Kopf, der im Kochtopf schmort, über einen dunklen Gnom, der aus seinem Gefängnis, einem Holzverschlag, herauslugt, und über einen jungen Wurstmenschen, der in die Geschlechtsregion eines Erwachsenen manövriert wird. Die Trennschärfe XXXVI/66, verschwimmt: Wo hört das Spiel auf, wo fängt der Ernst an? XXIII/50, II/24 Und wann wird aus dem Ernst wieder Spiel?

Eigenartig, wie sich Tatjana Gerhards Protagonisten offenbar wohl fühlen bei ihrem Treiben: Selbstvergessen, zufrieden agieren sie in einer eigenen Welt. Bis der eine, der dem anderen bös den Kopf verdreht, dann doch zurückblickt: Als ob er unwillkürlich prüfen wollte, was der Rückraum, was die anderen zu seinem Tun meinen – wie wenn er sich aus seiner individualisierten Welt doch noch beim Kollektiv versichern wollte, dass er nicht schon ganz aus der Welt gefallen sei. XIX/45

Die Anbindung an das, was sich Normalität nennt, macht Tatjana Gerhards Kunst nur noch verstörender: Das Normale ist vom Abnormen nicht vollends getrennt, die Übergänge sind fliessend, ja manchmal fast unmerklich. Das Monströse tarnt sich hinter dem schönen Schein. Umgekehrt ist das Abartige nicht immer so grauenvoll, wie wir meinen möchten. Tatjana Gerhard macht es in ihren malerischen Überzeichnungen fast anziehend, oder sagen wir es anders: Sie macht das Monströse menschlich.

Ihre Übungen im Sich-Fürchten haben etwas Wohltuendes, weil hier Menschen tun, was sie wollen: mit sich selbst und mit anderen – auch was gänzlich unerlaubt und ausserhalb jeder Norm ist. Indem sie sich ausleben, überschreiten sie Grenzen. Was in der Kunst sanktionslos bleibt. Hier ist vieles erlaubt, muss vieles erlaubt sein. Weil Kunst ein rares gesellschaftliches Testfeld ist: Testfeld, um Grenzen zu überschreiten. Und Trainingsfeld, um sich im Fürchten zu üben. Das

Feld ist offen. Wie diese Landschaft, von der die Künstlerin einmal träumte: von farbig hinterleuchteten Flächen, die ins Unendliche hinausführen.

# REMEMBERING AND INVENTING
### By Simon Maurer

Strange creatures haunt the world of Tatjana Gerhard. The dramatic mood oscillates between daydream and nightmare and congeals in Gerhard's oil paintings into ambiguous key moments. Her protagonists are both masked and revealed, and exposed on a stage-like arena. They are surrounded by a serious innocence and, rising above it all, they seem almost humorous. However, the extent to which these figures are able to reflect remains uncomfortably ambiguous. They are child-like and aged at once, power shifts to powerlessness and back again, physical and psychological violence stand face to face. Archaic emotionality, externalized isolation: In Gerhard's paintings, there is a painfully tangible, raw sense of the abysmal.

"Whoever reads this has nothing to fear." This sentence is written on a small, torn-off piece of paper taped to a wall in Tatjana Gerhard's studio. Whoever painted, saw, whoever read this, has nothing to fear. Painting as a medium to combat fear? Examining art as an immunization program to battle horror?

The strategy is as old as fear itself: Pagan totems and masks, religiously motivated shock stories, even horror movies. For centuries, people have been inventing creatures to keep evil at bay; have been painting pictures, dressing up… Animals taught them: They bare their teeth when afraid in order to transform themselves into monsters that do not exist.

Pictures as a protective shield against dread? Tatjana Gerhard's painting is an escape forward. The sources of her imagery cannot have been stoked solely from concrete memories, which she in turn uses as creative material. The sources have long established themselves and developed their own dimensions. Memories have turned into invention.

It is impossible that everything the artist presents to the viewer has been experienced by her. Thankfully. But what exactly drives her to redirect her fantasies, her power of imagination, to physical and psychological realms that should be avoided? Is her fear greater than ours? Is that why she needs a larger protective shield? Or has the necessity to protect herself developed into a passion for self-protection, perhaps even a type of proactive prevention? Did the passion for inventing horrifying scenarios increase with the expansion of the territory of fear?

One is startled by a head simmering in a pot, by a dark gnome that peers out from his wooden prison, and by a youthful sausage man being maneuvered into the genital area of an adult. One's powers of discrimination begin to blur — when does game become something more serious? When does it turn back into a game again?

Tatjana Gerhard's protagonists are curiously comfortable with their deeds: They exist in their own world, oblivious to everything around them and satisfied. Except for one figure that meanly twists the head of another, then looks back: as if he involuntarily wants to check what the background, and what the others, think of his actions — as if he, from his singularized world, needs reassurance from the collective that he is not completely excluded from.

Tatjana Gerhard's work makes the link to that which we call reality even more disturbing. The difference between normal and abnormal is not always clearly evident; the transitions between the two are sometimes indistinguishably fluid. The monstrous camouflages itself behind a beautiful facade. However, the abnormal is not always as horrible as we would believe — Tatjana Gerhard's painted exaggerations make it almost attractive, or, in other words: She makes the monstrous human.

Her exercises in being afraid have a refreshing aspect, because in her works, people do what they want — to themselves and to others. Even that which is forbidden, or taboo and not "normal." They live out their fantasies, they go too far—which thankfully remains unsanctioned in the realm of art, where everything is allowed and, in fact, must be allowed. Because art is a rare social field of experiment: a field of experiment that is supposed to test borders. It is also a training field for fear.

And the field is open. Just like the landscape of which the artist once dreamed: colorful, backlit planes that lead to infinity.

XVIII/44

# PHYSIO-GNOMIK

Von Daniel Morgenthaler

Das figürliche Servicebewusstsein ist bemerkenswert: Der Protagonist in einem Gemälde Tatjana Gerhards von 2008 (vgl. Abb. S. 15) wäre für uns hoffnungslos in den verschiedenen Brauntönen und der unheimlichen Dunkelheit eines Waldes verloren, würde er nicht freundlicherweise mit einer Taschenlampe das eigene Gesicht, und nichts weiter, ausleuchten. Das tut er nur für uns, denn weshalb sonst sollte die Figur, die einen Clown-Spitzhut trägt und traurig in sich hineinschaut, mit der einzigen verfügbaren Lichtquelle sich selbst blenden, wo sie doch alleine im Bild sitzt und wo doch hinter ihr sogar ein Abgrund lauert?

Der Pierrot will uns eindeutig etwas zeigen[I], uns vielleicht warnen, doch wovor? Jedenfalls hat es etwas mit seinem Gesicht, vielleicht mit dem menschlichen – oder wenigstens annähernd menschlichen – Gesicht als solchem zu tun. Vielleicht möchte er mit der Lampe, deren Batterie wohl bald aus ist, was in der Dunkelheit wohl auch seinen Untergang bedeutet, auf die Wichtigkeit des Gesichts im Gesamtwerk von Tatjana Gerhard aufmerksam machen. Tatsächlich stellt sich schon bei einem ersten flüchtigen Blick über ihr Œuvre heraus, dass dem Antlitz eine zentrale Rolle zukommt. So zentral, dass man es sich fast überlegen könnte, auf die Expertise von Koryphäen auf dem Gesichtsfeld zurückzugreifen, auf die Physiognomik nämlich. Doch das ist eine schlechte Idee, und wohl auch nicht das, was der Clown mit seiner Lampe erreichen wollte – und zwar aus drei Gründen:

## I. «DISHARMONIE! SCHIEFHEIT! VIELFACHHEIT!»

Im neunten seiner 1775 erschienenen *Physiognomischen Fragmente* ereifert sich Johann Caspar Lavater über «Drey Karrikaturen»: «Was macht diese Gesichter hässlich? Disharmonie! Schiefheit! Vielfachheit! Und was bewirkt dieses – Falschheit und Niederträchtigkeit. Solche Gesichter schafft die Natur nicht; aber – Erziehung, Angewöhnung, Beispiele – Flammen auf den Zunder eines Herzens voll Stolz

I
Wobei Malerei uns immer etwas zeigen will. Zum Sprechen bräuchte der Clown eine Sprechblase, die er aber nicht hat, wir sind schliesslich nicht in einem Comic.

und Wollust! Diese sind's, die das Angesicht des Menschen zu einer Satanslarve verkrümmen.»[II] Dem Physiognomen reichen nur ein Schielen und etwas schiefe Zähne, und schon blickt der Teufel selbst aus einem Gesicht (vgl. Abb. S. 15). Das heisst nun aber auch: Das Gerhard'sche Forschungsfeld besteht streng physiognomisch gesehen nur aus «Satanslarven».

Nur schon der leichte Silberblick etwa lässt die Figur in einem kleinformatigen Gemälde theoretisch in diese Kategorie fallen. Hinzu kommen amphibische Züge, ein bisschen Frosch, ein wenig Eidechse, ein entsprechend riesiges Maul, aus dem eine höchstwahrscheinlich äusserst klebrige Zunge lugt. Ein solches Gesicht «schafft die Natur nicht», wie es Lavater ausdrücken würde. Was aber noch lange nicht heisst, dass «Falschheit» aus ihm spricht – im Gegenteil, das Wesen sitzt eigentlich ganz artig wartend auf einer Holzbühne. Was Maler zudem noch nie davon abgehalten hat, genau solche Figuren mit ihren buchstäblich schöpferischen Impulsen selbst zu erschaffen. Heinrich Füssli etwa hat ebenfalls Menschen mit Eselsköpfen gemalt; allerdings hatte er die Idee dazu aus einem Shakespeare-Stück, während Gerhards Reptilienmensch allenfalls auf die Teenage Mutant Hero Turtles zurückgehen könnte.

Während aber Füssli auch mit dem Werktitel explizit auf Shakespeare referiert – *Titania liebkost Zettel mit dem Eselskopf* –, vermeidet Gerhard – ihre Bilder haben ohnehin alle keinen Titel – präzise Verweise auf spezifische Vor-Bilder. Sie unterzieht ihre Figuren bei Weitem nicht einem so starken Branding wie etwa Armen Eloyan, bei dem Donald Duck selbst unter einer grässlichen «Satanslarve» noch erkennbar bleibt. In zwei Werken aus den Jahren 2008 und 2009 mag das Bildpersonal mit weissen Handschuhen à la Mickey Mouse vor schwarzem Hintergrund gestikulieren; ihre Gesichter – sind die geschminkt oder sind die immer so bleich? – verweigern den Wiedererkennungseffekt, auf den schon die klassische Porträtmalerei gesetzt hat und an den uns die PR der Pop-Art von Neuem gewöhnt hat. Und wieder reichen die physiognomischen Indizien für «Niederträchtigkeit» bei Weitem, obwohl es sonst keine Beweise für moralische Schwächen gäbe.[III] Allerdings – notabene – auch keine Hinweise auf besondere

II

Johann Caspar Lavater, *Physiognomische Fragmente I*, Nachdruck der Ausgabe Leipzig und Winterthur 1775, Weidmannsche Verlagsbuchhandlung, Hildesheim 2002, S. 122

XXXVIII/69

X/34, XVII/43

III

Mickey-Handschuhe mögen eine Art Pendant zu den schwarzen Lederhandschuhen des klischierten Mörders sein. Ein Beweis für eine gewaltsame Ader sind sie noch nicht – im Zweifel immer noch für den Angeklagten!

moralische Stärken. Die Physiognomik jedenfalls hilft bei Gnomen nicht weiter.

## II. MASKENBILDER

Ebenfalls schwierig wird es für die Antlitzanalyse, wenn das Gesicht verdeckt ist. Bei einer Arbeit von 2010 ist zumindest noch die Nase sicht- und also physiognomisch analysierbar. Ein ganz ähnliches Riechorgan beschreibt Lavater in seinen Übungen so: «Die Nase, (die durch den unbestimmten höckerigten Umriss vom Character verliert) verkündigt Stärke, Muth, Entschlossenheit.» [IV] Fragt sich nur, weshalb die Figur dann, wenn ihre Nase schon so entschlossen ist, ein weisses Tuch vor das Antlitz gehängt hat. Vielleicht weil ihr beim Rest des Gesichts auch wieder «Falschheit» diagnostiziert würde? Eine andere Bildprotagonistin entzieht sich dem Risiko einer Antlitzdiagnose gleich ganz, indem sie sich einen Sack über den Kopf zieht. Das darauf aufgemalte, vorgeschaltete Gesicht sieht zwar ganz nett aus. Man weiss aber etwa von den Maskenbildern des Belgiers James Ensor, dass das Bildpersonal oft nur maskiert ist, weil dahinter ein bares Skelett lauert. Da ist dann selbst nach der Demaskierung nicht mehr viel Gesichtshaut übrig, die noch gelesen werden könnte.

Weniger eine Maskierung als vielmehr eine Entstellung findet in einer Reihe von Gemälden statt, die von ihrem klassischen Porträtaufbau her eigentlich gut in ein physiognomisches Lehrbuch passen würden. Während bei einem Knaben mit rot gestreiftem Leibchen noch die Gesichtszüge durchschimmern und auch bei einem kleineren Format noch die schlechte Laune in Form von nach unten zeigenden Mundwinkeln sichtbar bleibt, ist bei einem dritten Grossformat das Gesicht nurmehr zugepinselte Fläche mit ganz leichten Restandeutungen von Organen. Diese langsame Entleerung der frontal gezeigten Köpfe findet ihre direkte Entsprechung in der Arbeitsweise Gerhards. Eine auf einem Tisch stehende leere Wanne war nämlich auch schon einmal voll, wie eine Skizze (vgl. Abb. S. 15) und einige überpinselte Umrisse zeigen. Der Inhalt ist nun in den unteren, verdeckten Farbschichten versorgt.

XXII/49

IV
Johann Caspar Lavater, *Physiognomische Fragmente I*, S. 251

XIV/39

IX/33, V/28, XV/40

XIII/38

# III. GESICHTSLAGER

Auch in anderen Bildern schafft Tatjana Gerhard Ordnung. Ein Grossformat von 2010 zeigt etwa eine von ihren Techniken, gleich mehrere Köpfe wegzuschliessen: indem sie drei davon in ein Reagenzglas stopft. In einem kleineren Format, das eine Holzkiste zeigt, merkt man erst auf den zweiten Blick, dass aus einem kleinen Schlitz in der Holzverschalung jemand rausschaut. Endgültig versorgt wird dann ein Kopf in einem Querformat: In einem Estrich, wie er in Anselm Kiefers monumentalem Gemälde *Deutschlands Geisteshelden* noch leer, aber bedeutungsschwanger ist, liegt ein riesiger Kopf ohne Körper, dafür mit weit aufgerissenen Augen, gelagert. Hat er etwa ausgedient? Ist das Gesicht ein Auslaufmodell, das man getrost in einer Kiste wegsperren oder übermalen kann? Für eine physiognomische Untersuchung jedenfalls ist es auch hier schon zu spät.

Wenn es dafür nicht sogar immer zu spät ist. Lavater definierte die Physiognomik als «die Fertigkeit durch das Äusserliche eines Menschen sein Innres zu erkennen… die Kenntnisse des Verhältnisses des Äusseren mit dem Innern; der sichtbaren Oberfläche mit dem unsichtbaren Innhalt»[V]. Schön wär's. Schon der Physiognom selbst nannte im dritten seiner *Fragmente* prophylaktisch «Einige Gründe der Verachtung und Verspottung der Physiognomik»[VI], natürlich nur, um besser Gegensteuer geben zu können. Spätestens der Nationalsozialismus und seine physiognomischen Pauschalurteile liessen die Gründe für eine Diskreditierung dieser Wissenschaft aber endgültig überwiegen.

Auch mit einer Gemäldeanalyse machen wir nun aber eigentlich ebenfalls nichts anderes, als die «sichtbare Oberfläche» mit dem «unsichtbaren Innhalt» zu verbinden. Vom reinen Farbauftrag auf Leinwand auf das zu schliessen, was dieser Auftrag an ungemalten Botschaften übermittelt. Dabei laufen wir Gefahr, demselben Irrtum aufzusitzen wie der Physiognom, der jedes Schielen als teuflisch verallgemeinert. Nur in einer Kunstrezeption, die ähnlich dogmatisch funktioniert wie die Physiognomik, war es überhaupt möglich,

XXV/52

XXIII/50

XLI/72

V
Johann Caspar Lavater, *Physiognomische Fragmente I,* S. 13

VI
Johann Caspar Lavater, *Physiognomische Fragmente I,* S. 17

dass Werke nach bestimmten, völlig unberechenbar gesetzten Kriterien als «entartet» ausgesondert wurden, wie in der Nazizeit geschehen.

Insofern wollte uns der Taschenlampenclown vielleicht wirklich warnen [VII] vor den Fallen, die die Malerei und ihre Interpretation immer bieten, gerade weil sich ihre Analysten oft der unheiligen Nachbarschaft mit Disziplinen wie der Physiognomik nicht unbedingt bewusst sind. Und spezifisch davor, die Gesichter in Tatjana Gerhards Werk nach herkömmlichen Kriterien charakterisieren und inventarisieren zu wollen. Die Malerin selbst macht uns das mit ihren unterschiedlichen Strategien, das Antlitz ihrer Protagonisten abzudecken, einzupacken, zu überpinseln, zusätzlich schwer und verhindert so endgültig eine – immer auch diskriminierende – Kategorisierung des exotischen Figurenkabinetts. Nimmt man nur einen Exponenten daraus als Norm an, ist der nächste schon wieder abartig. Das wird in Gerhards Œuvre auf den Punkt gebracht, gilt aber auch für den Menschen: Identität ergibt sich aus Unterschiedlichkeit. Geht diese in dogmatischen Verallgemeinerungen verloren, wird es immer gefährlich.

Es lohnt sich, selbst die Spleens von Individuen nicht unversehens und pauschal als Verrücktheiten abzutun. Zum Beispiel das sonderbare Verhalten des Pierrots, der sich im dunklen Wald ins Gesicht leuchtet. Es könnte uns nämlich – wie zu beweisen war – weiterhelfen.

[VII] Das Vielleicht rettet uns ja oft vor der allzu dogmatischen Lesart eines Kunstwerks, wie sie soeben verurteilt wurde.

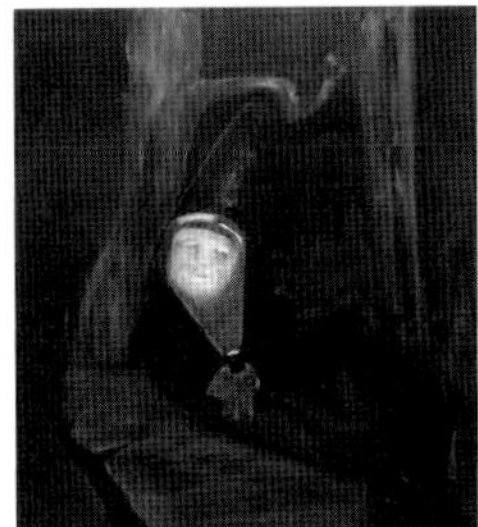 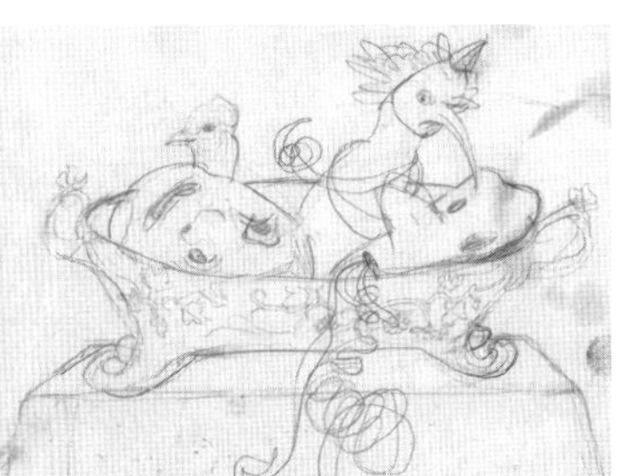 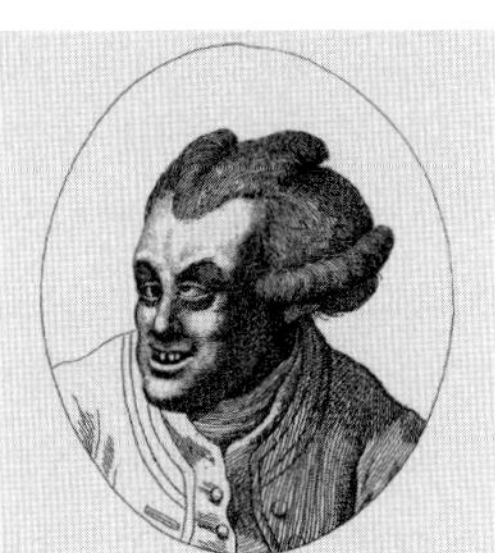

Tatjana Gerhard, *Ohne Titel/Untitled*, 2008

Tatjana Gerhard, Skizze zu *Ohne Titel*, 2010/Sketch for *Untitled*, 2010 (XIII/38)

Aus/From: Johann Caspar Lavater, *Physiognomische Fragmente I*, S./p. 122

# PHYSIO-GNOMY
## By Daniel Morgenthaler

The figure's service mentality is remarkable: A protagonist in one of Tatjana Gerhard's paintings from 2008 (cf. ill. p. 15) would be hopelessly obscured in the varying brown tones and eerie darkness of a forest, if not for the flashlight he uses to illuminate his face. He must be doing this for us, because why else would the figure—sitting alone in front of an abyss, wearing a clown's pointed hat, looking despondently introverted—use the only available light source to illuminate himself, and nothing else?

The clown obviously wants to show us something[I], or perhaps warn us—but warn us about what? In any case, maybe this is really about his face, or perhaps the human or at least semi-human face in general. Maybe he wants to use the flashlight to refer to the essential importance of the face in Tatjana Gerhard's works—despite the fact that its battery will soon expire, which would obviously be his demise in such darkness. A quick examination of Gerhard's oeuvre indeed confirms that the face is a fundamental element of her work. So fundamental that it automatically brings the field of physiognomy to mind. But referring to physiognomy is not recommendable, and would not accomplish what the clown was trying to achieve with the flashlight for three, very important reasons:

## "DISHARMONY! ASYMMETRY! MULTIPLICITY!"

Johann Caspar Lavater ranted on about three caricatures in the ninth of his well-known series, *Physiognomische Fragmente zur Beförderung der Menschenkenntnis und Menschenliebe* (*Physiognomic Fragments for the Promotion of the Knowledge and Love of Mankind*, 1775–1778). "What makes these faces ugly? Disharmony! Asymmetry! Multiplicity! Which, combined, amount to falsehood and vileness. These faces have not been fashioned by nature; but—upbringing, habit, examples—flames on the cinders of a heart full of pride and lust! These are the things that distort the human face into that of a mask of Satan."[II] A slightly crossed eye or maybe even crooked

I

But painting always wants to show us something. The clown would have needed a speech bubble in order to speak, but this is not a comic strip.

II

From the German: Johann Caspar Lavater, *Physiognomische Fragmente I*, reprint of the Leipzig and Winterthur edition, 1775, Weidmannsche Verlagsbuchhandlung, Hildesheim 2002, p. 122

teeth are enough for physiognomists to brand a person as a demonic creature (cf. ill. p. 15). Physiognomically speaking, this means the faces portrayed by Gerhard are all "masks of Satan."

Even the somewhat crossed eye of a figure in a small format painting is sufficient reason to have him theoretically placed into this category. He also has amphibian-like features, a dash of frog, a hint of lizard, and a large mouth from which projects very possibly an extremely sticky tongue. A face such as this is "not created by nature," as Lavater would say. However, it doesn't necessarily represent "falsehood" either—quite the contrary, the creature waits rather well-mannered on a wooden stage. The concern about falsehood, incidentally, has never prevented painters using creative impulses to invent imaginary figures. Heinrich Füssli painted a man with a donkey's head. However, his work was inspired by a Shakespearian play while Gerhard's reptile people refer more to the Teenage Mutant Hero Turtles.

Füssli refers explicitly to Shakespeare in the title *Titania liebkost Zettel mit dem Eselskopf*, but Gerhard avoids precise references and specific examples (her paintings are always untitled). Nor does she subject her figures to the type of branding typical of Armen Eloyen, where Donald Duck even shines through from underneath a repulsive "mask of Satan." In two of Gerhard's paintings completed in 2008 and 2009, the characters portrayed may well be gesticulating in white gloves à la Mickey Mouse in front of a black backdrop, but their faces (are they wearing makeup or are they always so pale?) do not aspire to the desire for recognition typical of classical portrait painting, which has been renewed by the PR of Pop Art. The physiognomic characteristics once again all point to "vileness," despite the fact that there are no other signs of moral weakness to support this assumption[III], nor do they indicate moral integrity. Whatever the case may be, physiognomy is not helpful when confronted with gnomes.

## II. MASKS

It is equally difficult to analyze a face that is concealed by a mask. In a work from 2010, a nose is still visible that

XXXVIII/69

X/34, XVII/43

XXII/49

III
Mickey Mouse gloves might be understood as a type of counterpart to the cliché murderer's black gloves, but they do not automatically indicate a violent temperament—the defendant should be given the benefit of doubt!

can be analyzed physiognomically. Lavater describes a very similar nose in his tutorials: "The nose (that loses character through the indeterminate tubercular contour) indicates strength, courage, and determination" [IV]. But why then has the figure hung a white cloth over its face, if its nose is so wonderfully determined? If we saw the rest of its face, would we be inclined to diagnose "falsehood"? Another protagonist completely avoids her face being diagnosed by placing a sack over her head. The face painted on the sack does look rather agreeable. But the mask paintings by James Ensor have already implied that figures in a painting can wear masks to hide the fact that they are actually bare skeletons. There is not much left to be read once the skin has decomposed from a face.

The faces in another series of paintings cannot be read because of disfigurement rather than a mask. The classical portrait format of the works would make them perfect examples for a textbook on physiognomy. There is a boy with a red striped vest, whose facial features can still be identified, and in a smaller-format work, the figure's bad mood is still epitomized by the turned down corners of the mouth. But in a third large-format painting, the face is nothing more than an overpainted area with very slight hints of facial features. This slow clearing of features from the frontally positioned heads is directly related to Gerhard's way of working. An empty tub sitting on a table was full at one point, as is depicted by a sketch and the drawn-in contours (cf. ill. p. 15). Its contents are now hidden under deeper layers of paint.

## III. FACE REPOSITORY

Tatjana Gerhard's strategies of ordering and classifying can be seen in other works as well. A large-format painting from 2010 displays one of her techniques of encapsulating several heads at once, by stuffing them into a test tube. In a small-format work showing a wooden box, it becomes clear on second glance that a figure is looking out from inside the box through a small crack in the wood. In a landscape format picture, a massive, dislocated head with wide-open eyes is placed in a type of attic. Besides the head, the attic is as empty but also as loaded with meaning as in Anselm Kiefer's painting *Deutschlands Geisteshelden*. Has the head been used up and discarded? Is the face an out-of-date model that can be packed away in a box or painted over? In any case, once again, it is too late for any physiognomic examination.

But maybe it's always too late. Lavater defines physiognomy as "the ability to understand the inside of a person through the outside … the knowledge of relationships between the outside and the inside; between the visible surface and the invisible content"[V]. Well, that would actually be nice. However, in the third of his *Fragments,* the physiognomist himself prophylactically lists "some reasons to deride and disrespect physiognomy,"[VI] of course only then to use them as a better counteraction to such criticism. Nonetheless, reasons to discredit this science outweighed any potentially useful knowledge after National Socialism grossly misused physiognomics to make sweeping judgments.

However, we are in effect also relating the "visible surface" to the "invisible content" when examining a painting. We draw conclusions about what the pure application of paint to canvas might translate as unpainted messages. This involves running the risk of making the same errors as those made by the physiognomists who imbue every crossed eye with demonic import. Only in evaluating art as dogmatically as a physiognomist was it ever possible to use capriciously set criteria to judge works as "degenerate," as was the case in Nazi times.

Perhaps the clown with the flashlight really did want to warn us.[VII] Maybe he wanted to draw attention to the traps painting and its interpretation can lay — especially because analysts are often unaware of an unholy union with other disciplines, such as physiognomy — and more specifically to the dangers of characterizing and inventorying the faces in Tatjana Gerhard's work according to conventional criteria. Gerhard does not make it easy for us when she conceals the faces of her protagonists by covering, wrapping, or painting over them. This also hinders a — forever-discriminatory — categorization of her exotic cabinet of figures. If only one example from this selection is taken as the norm, the next is automatically

[V]
ibid., p. 13

[VI]
ibid., p. 17

[VII]
The word "perhaps" often rescues us from an overly dogmatic interpretation of an art work as it has just been denunciated.

abnormal. This concept is emphasized in Gerhard's work, but it also applies to people in general: Identity is the sum of differences. Homogenizing individualities according to dogmatic generalizations is always dangerous.

Moreover, dismissing individual quirks as "crazy" is unproductive. For example the quirky behavior of a clown who illuminates his face in the middle of a dark forest. He might—quod erat demonstrandum—actually help us.

I–XLI
ARBEITEN

I–XLI
WORKS

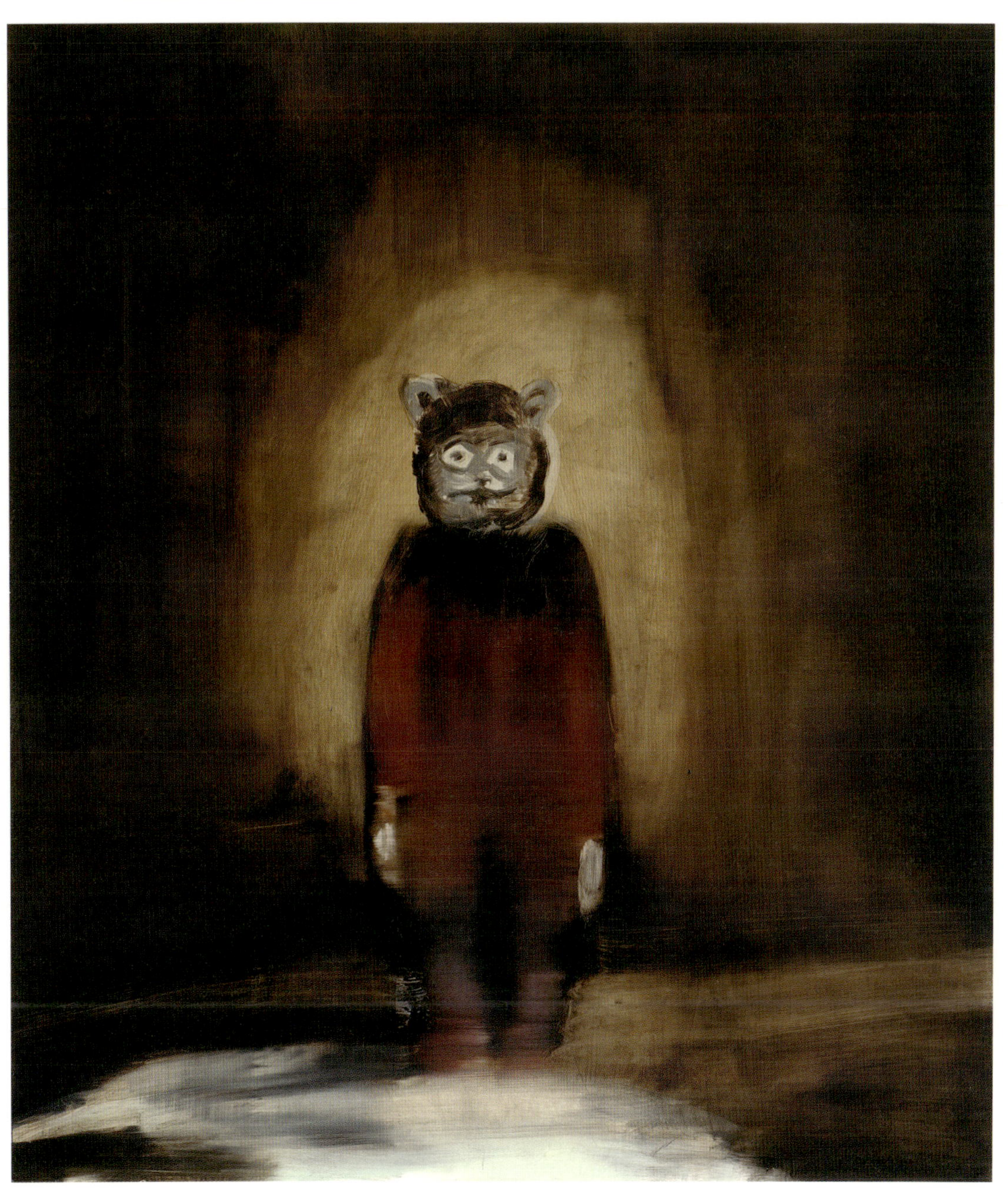

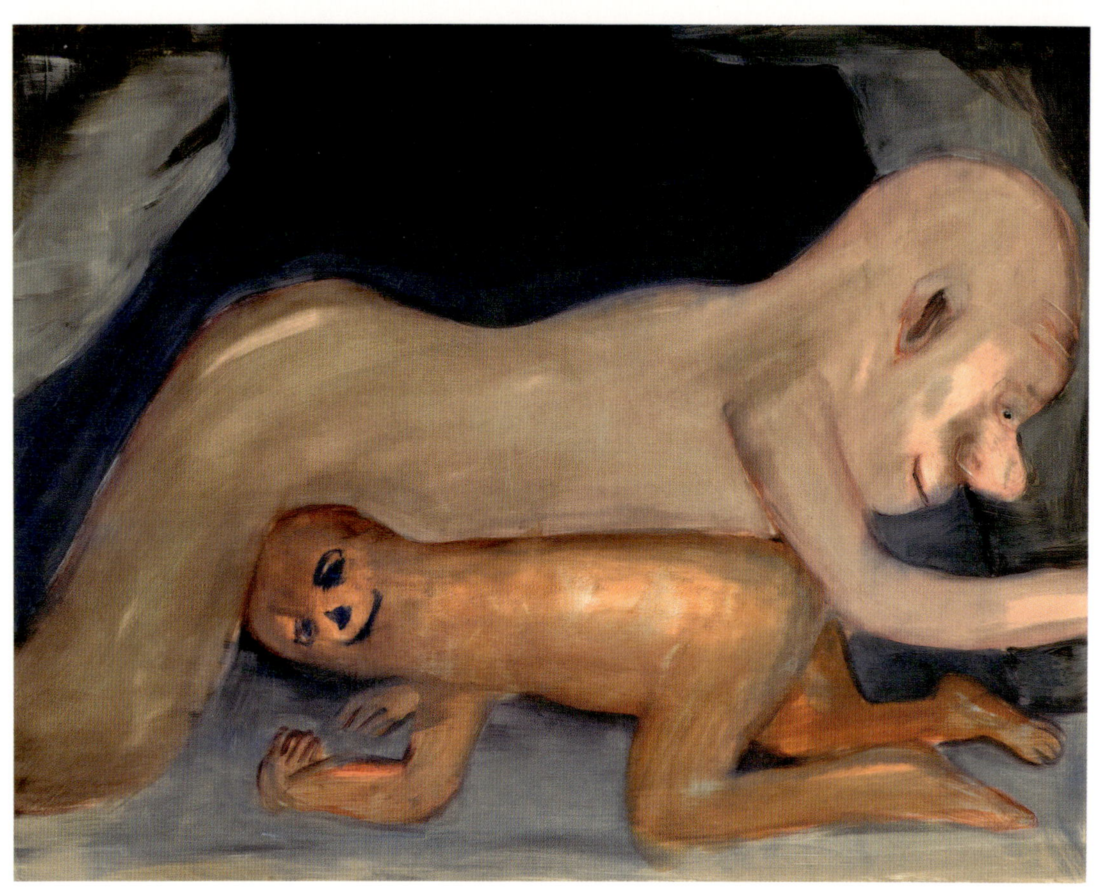

II/24

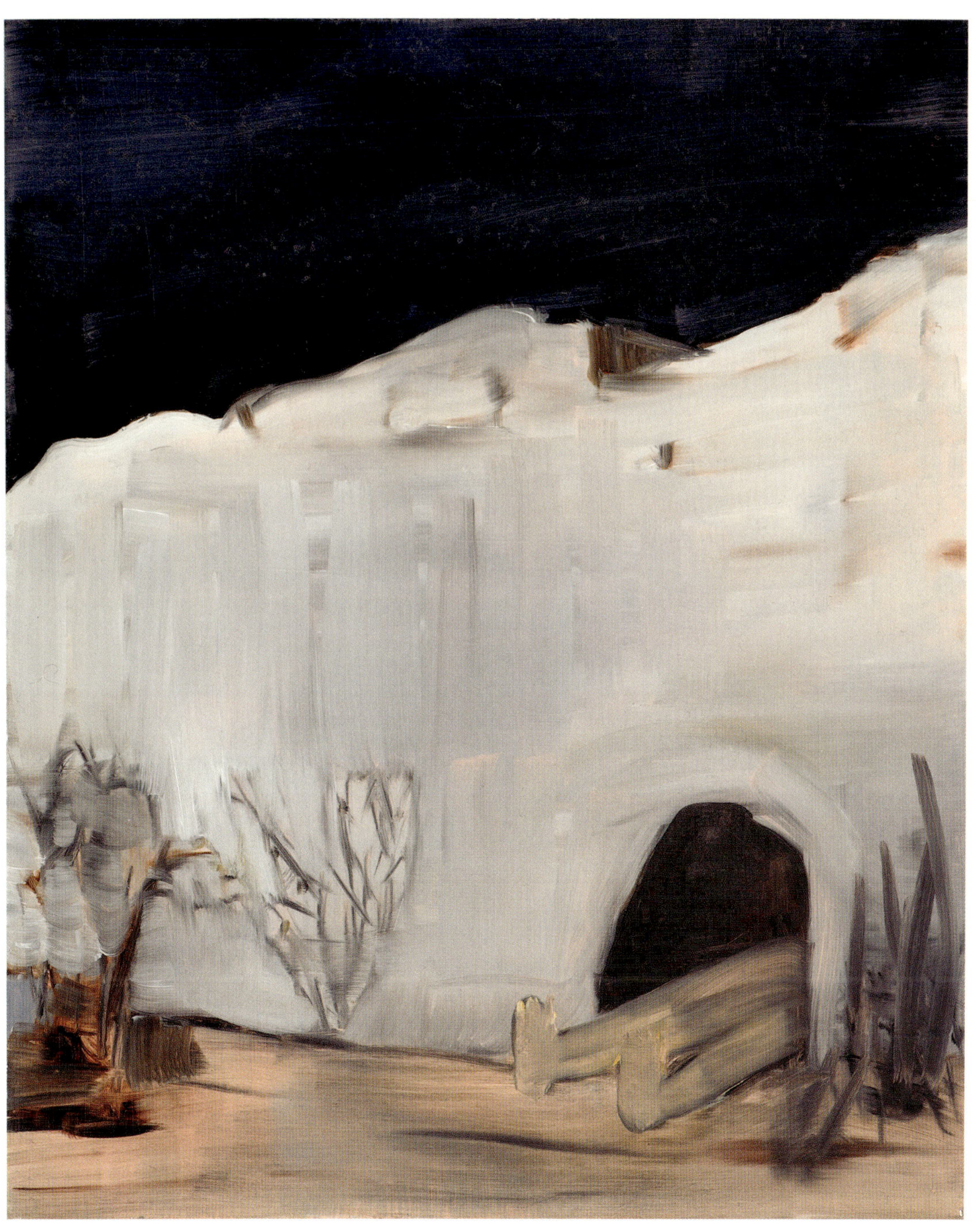

III/25

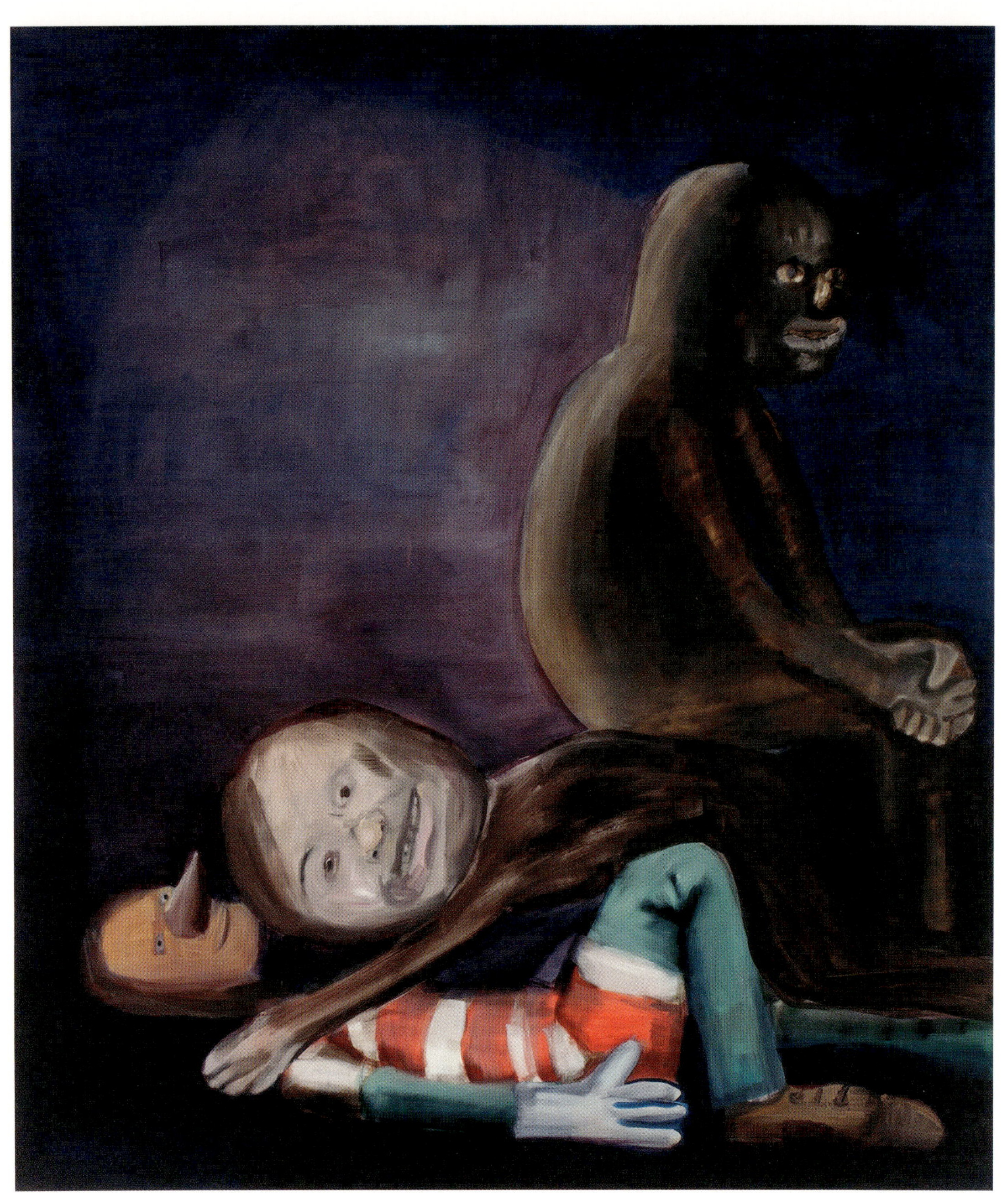

IV/26

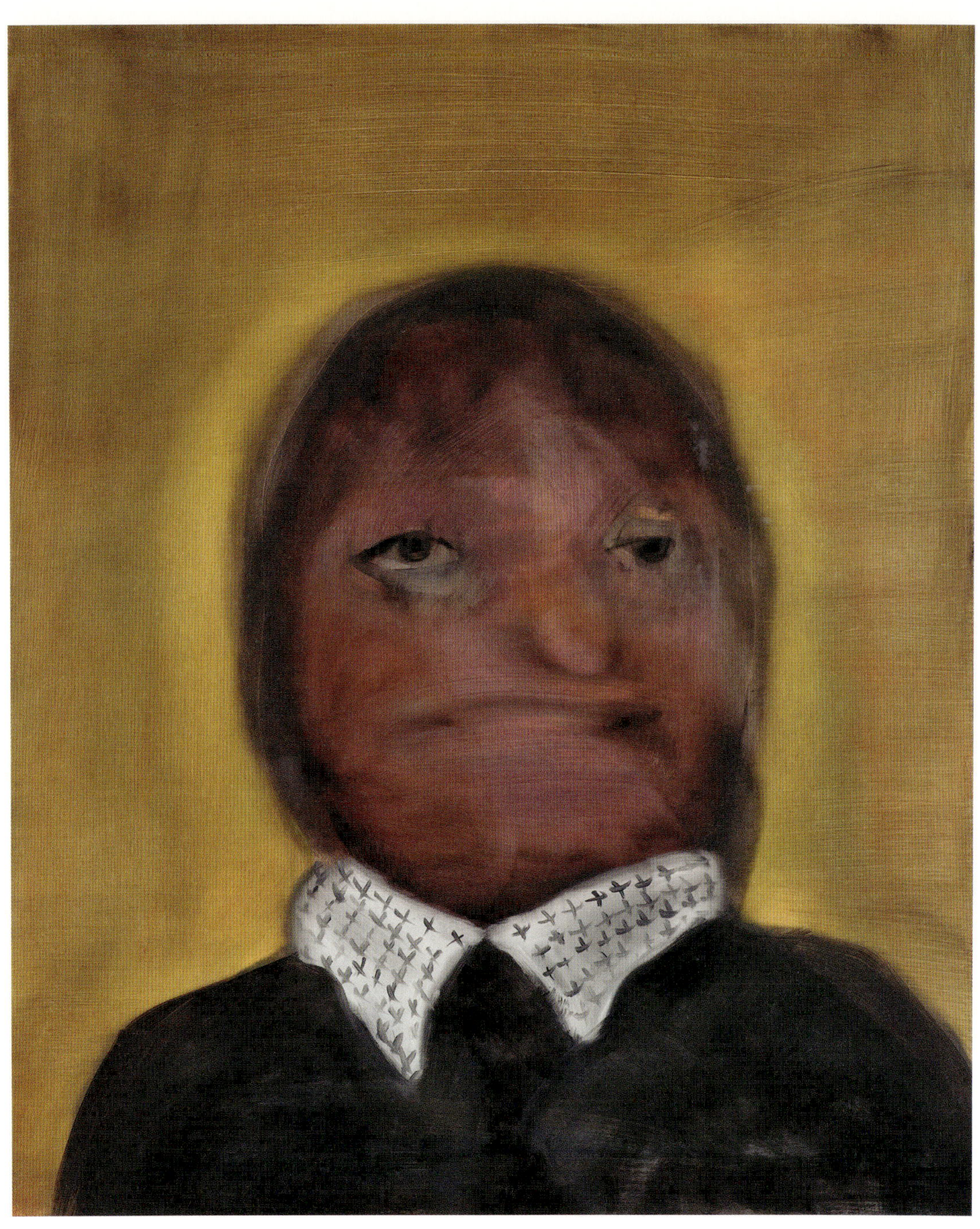

V/28

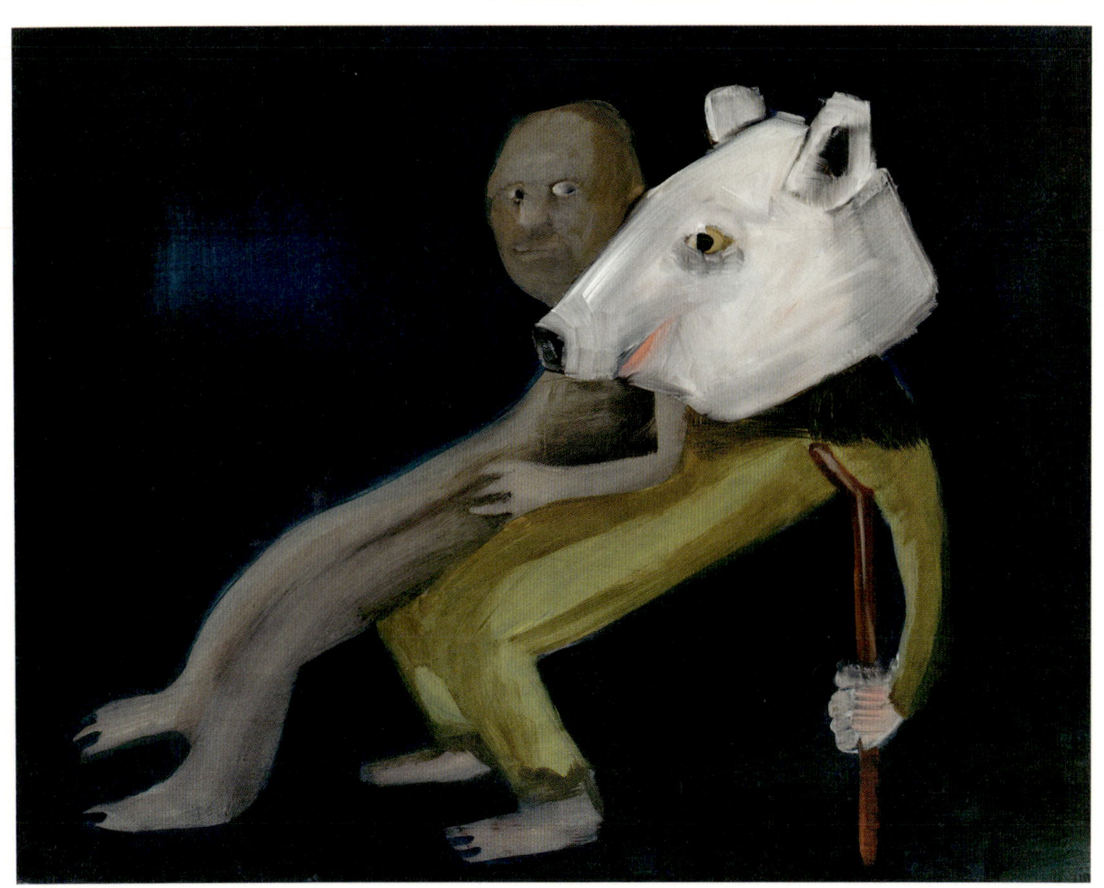

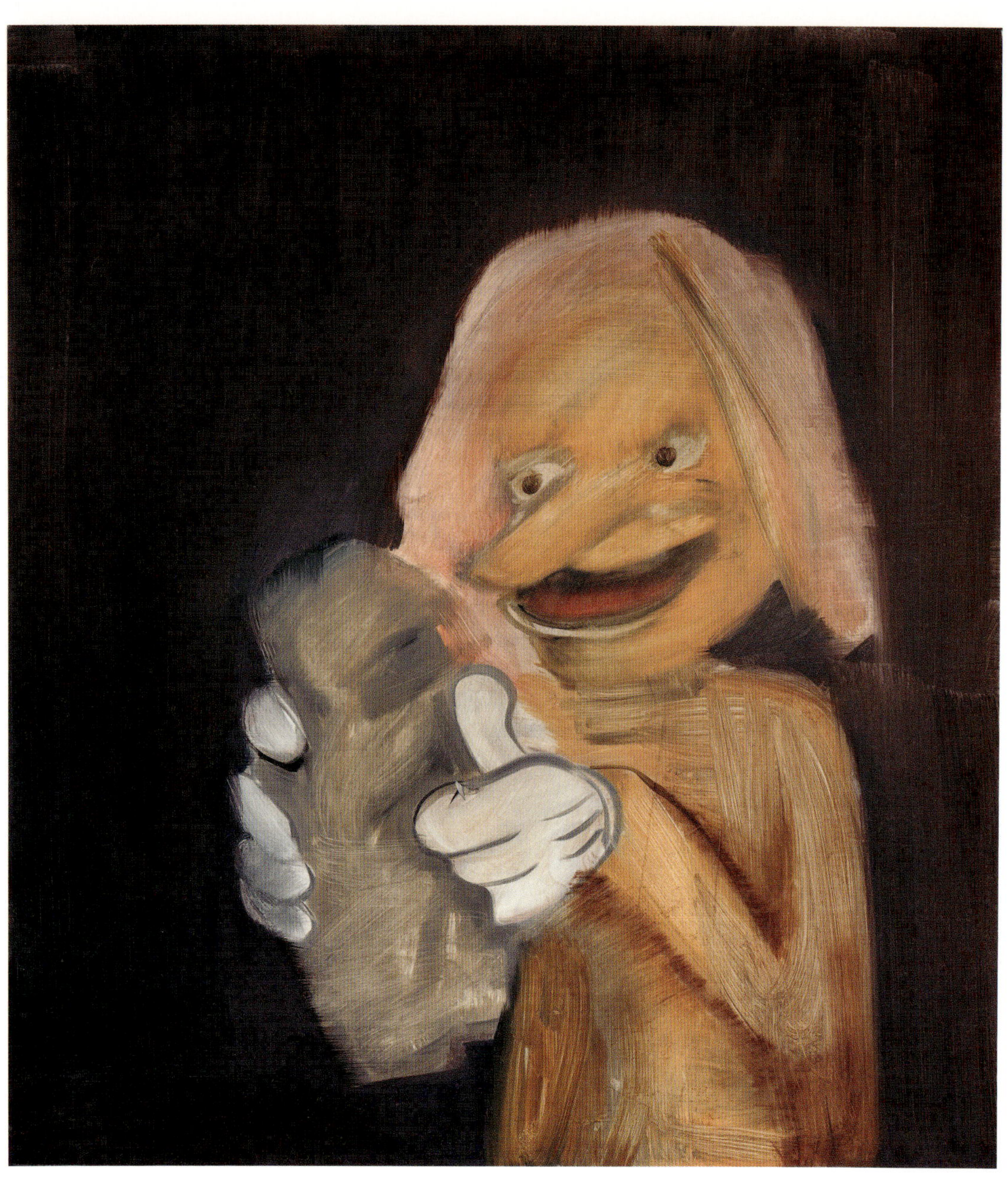

VII/30

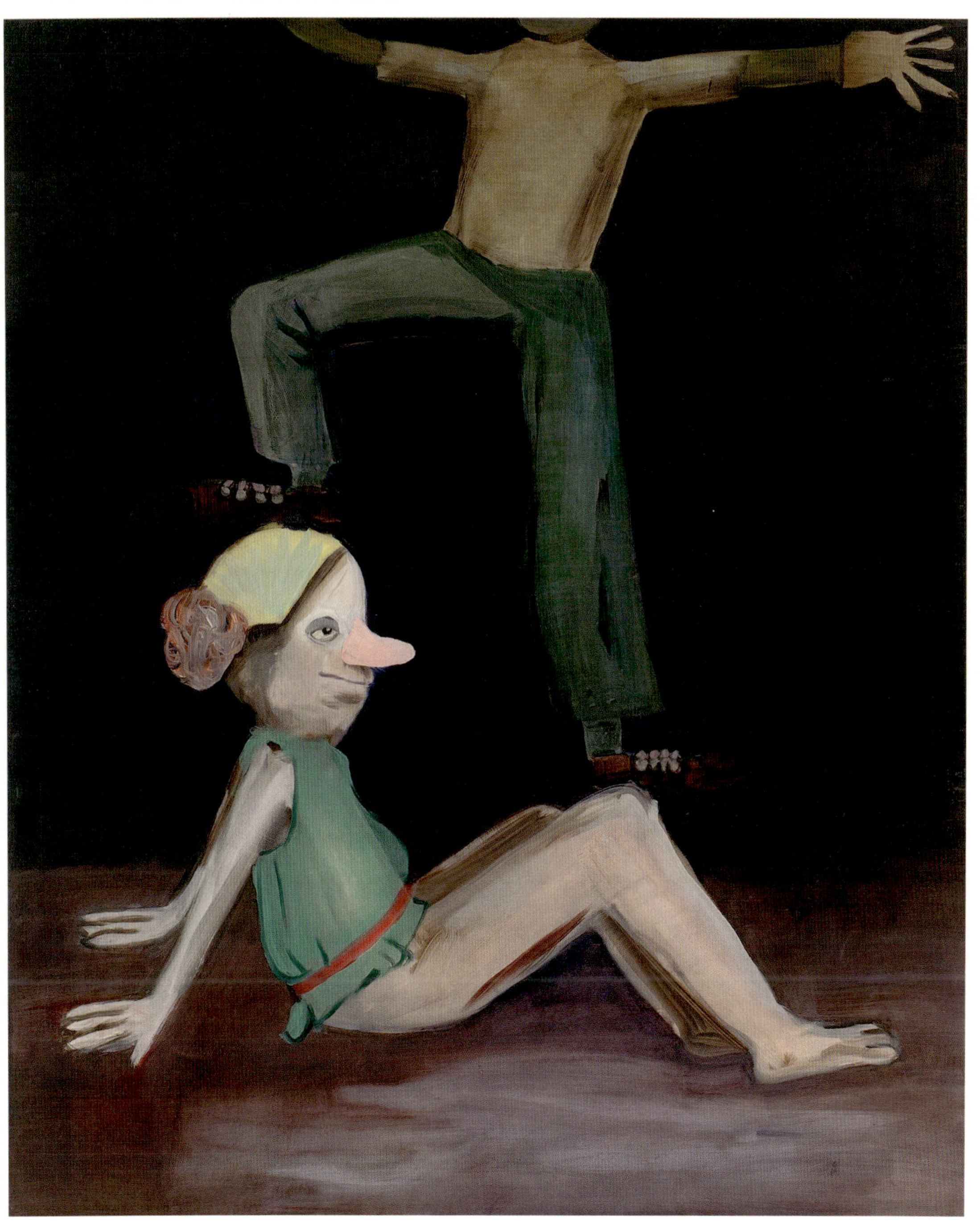

VIII/31

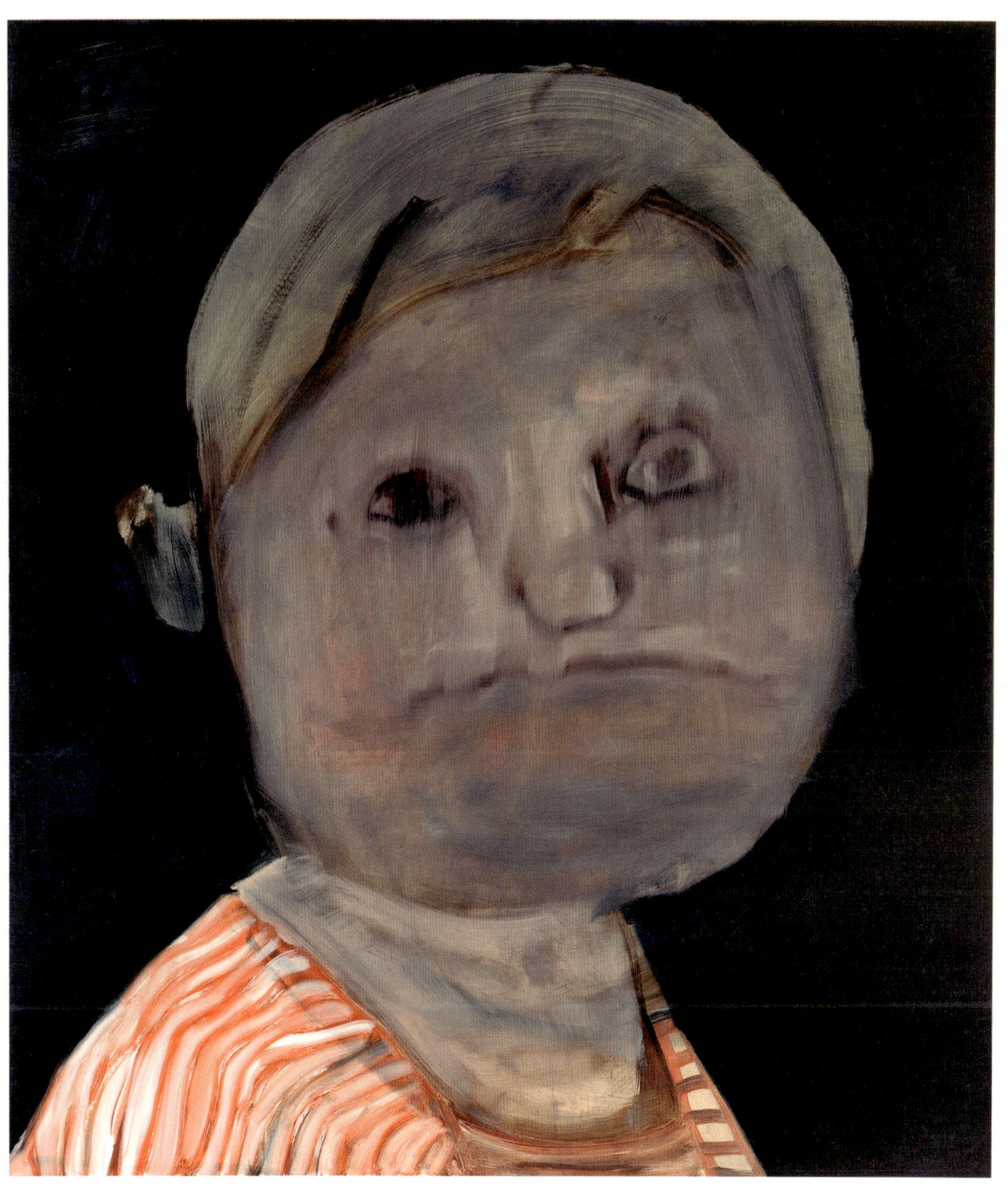

IX/33

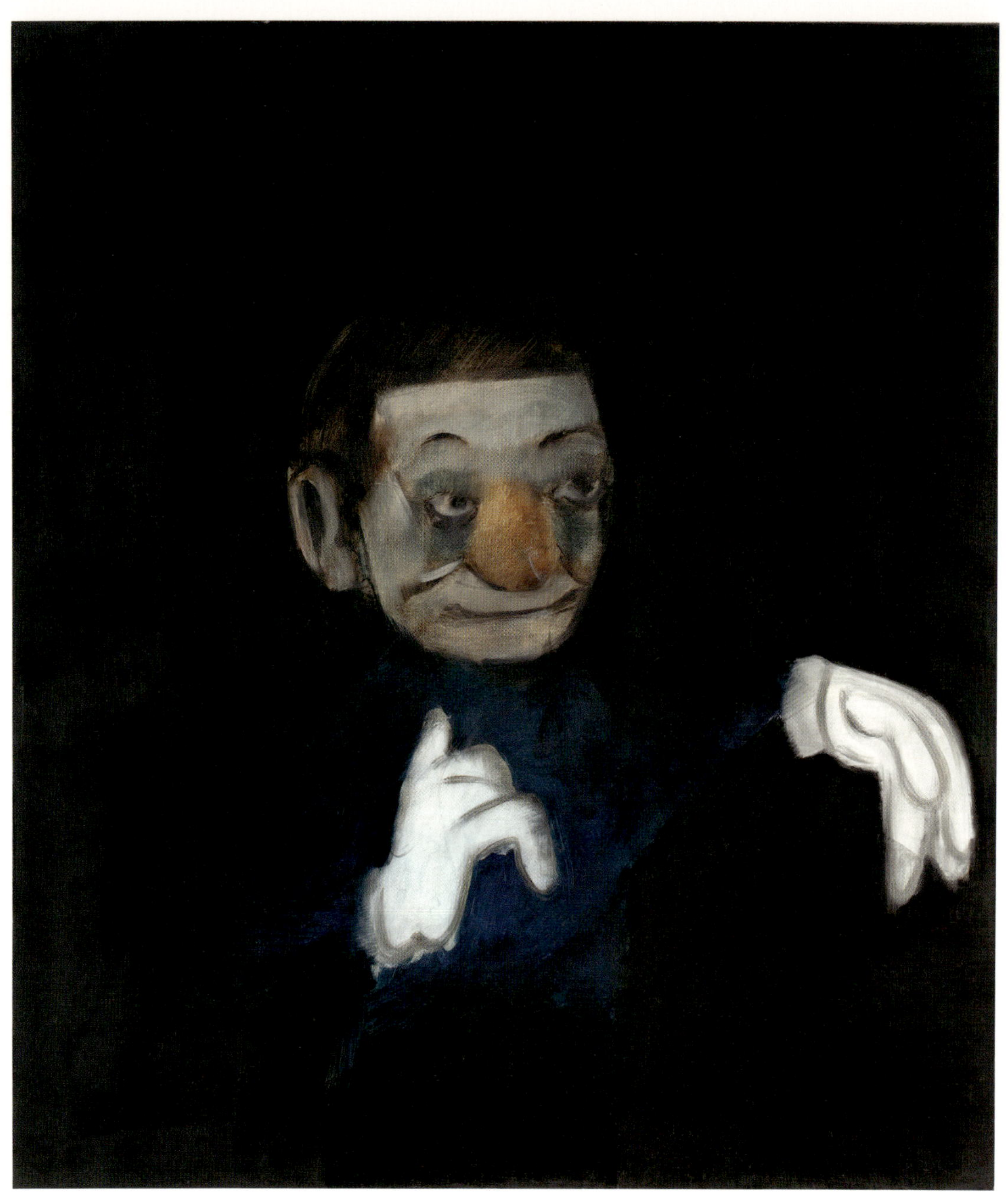

X/34

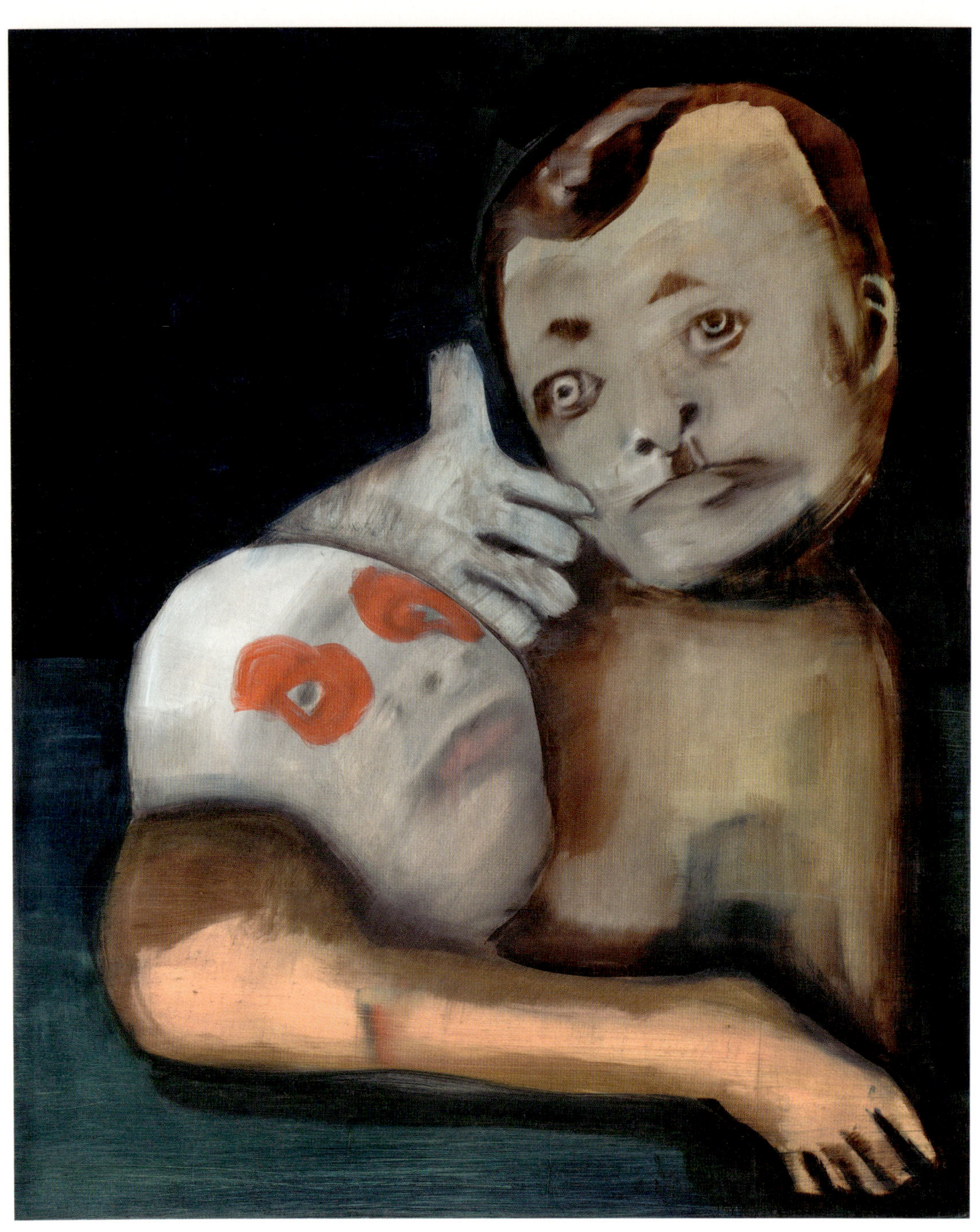

XI/36

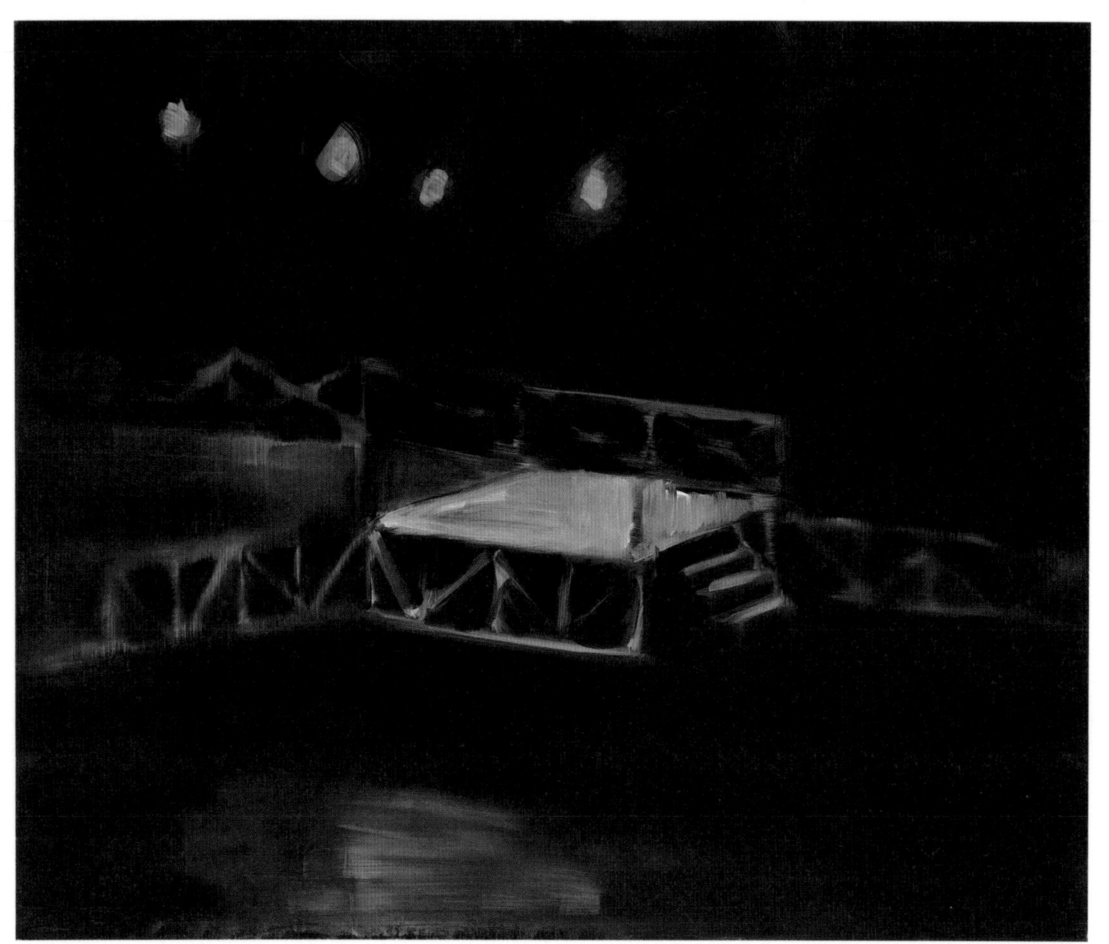

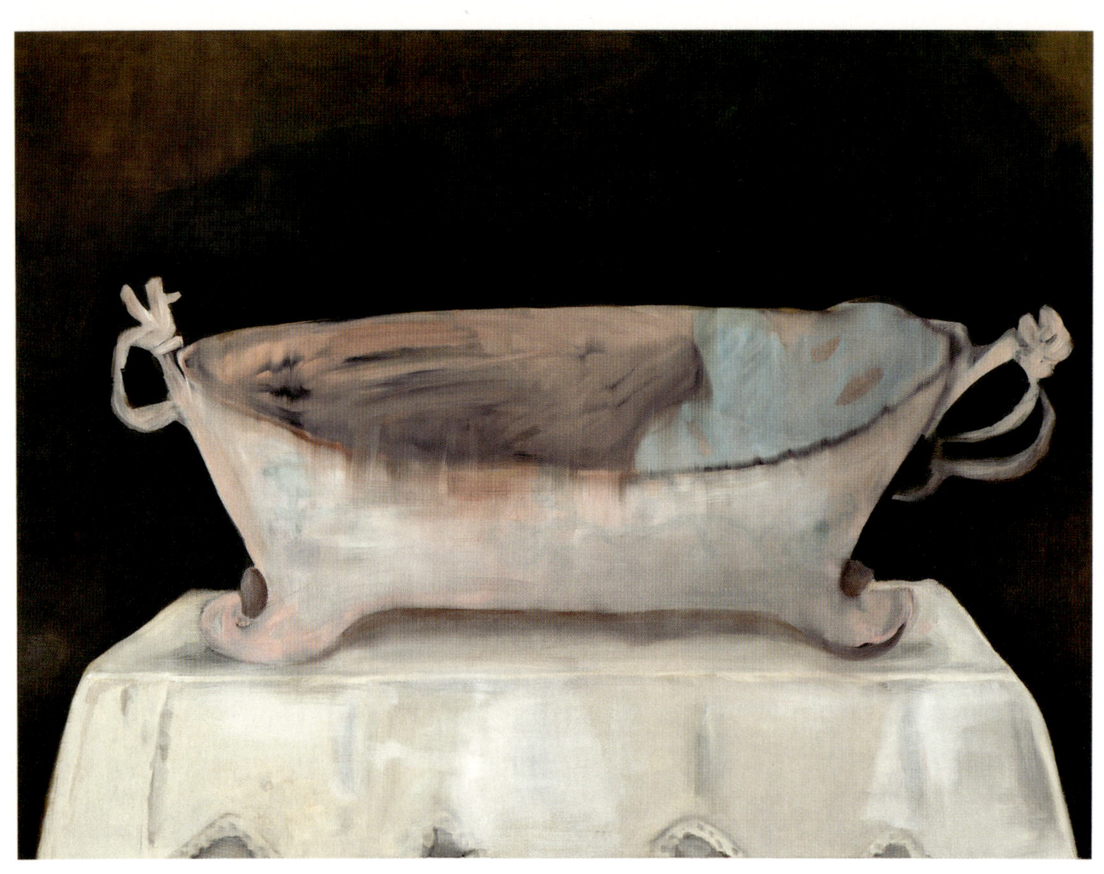

XIII/38

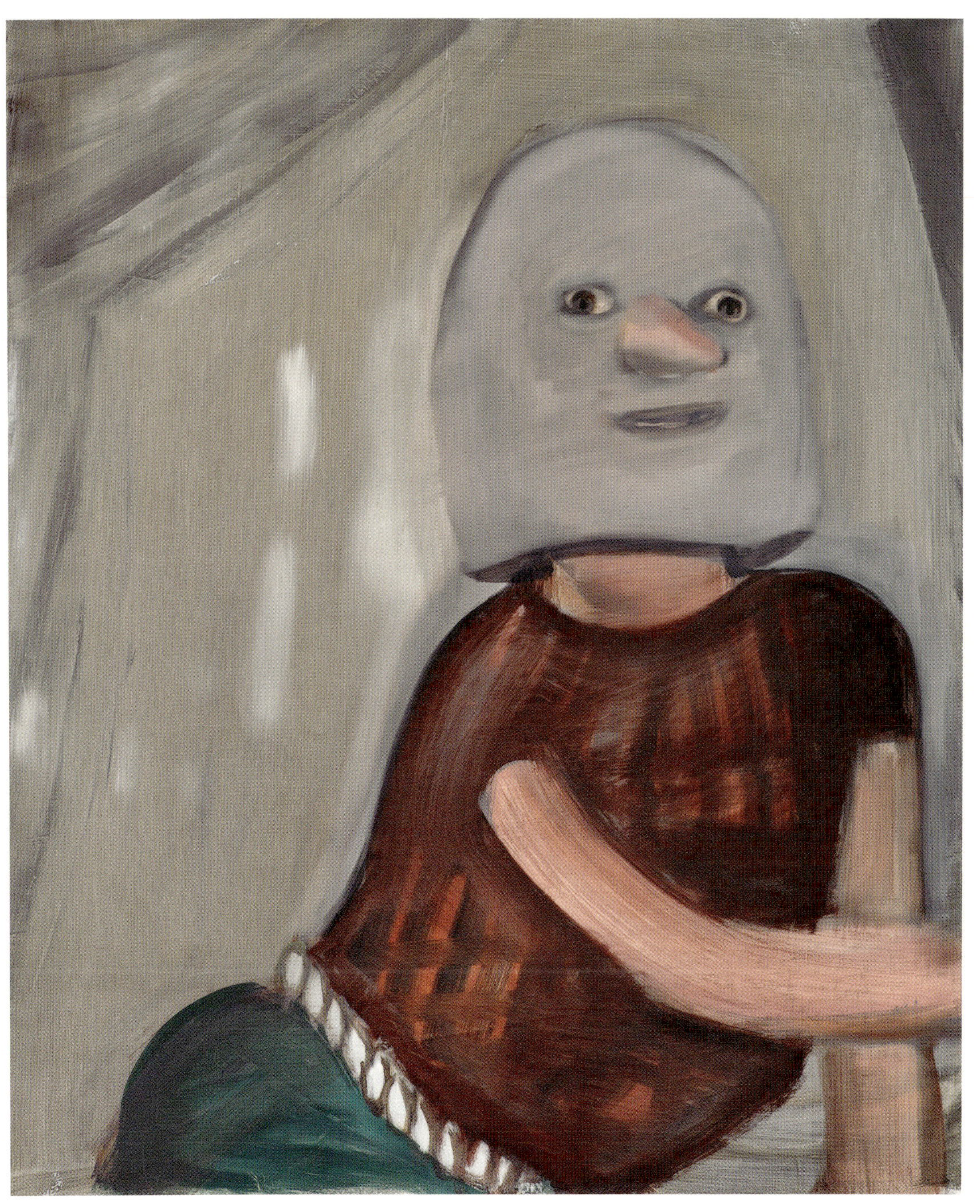

XIV/39

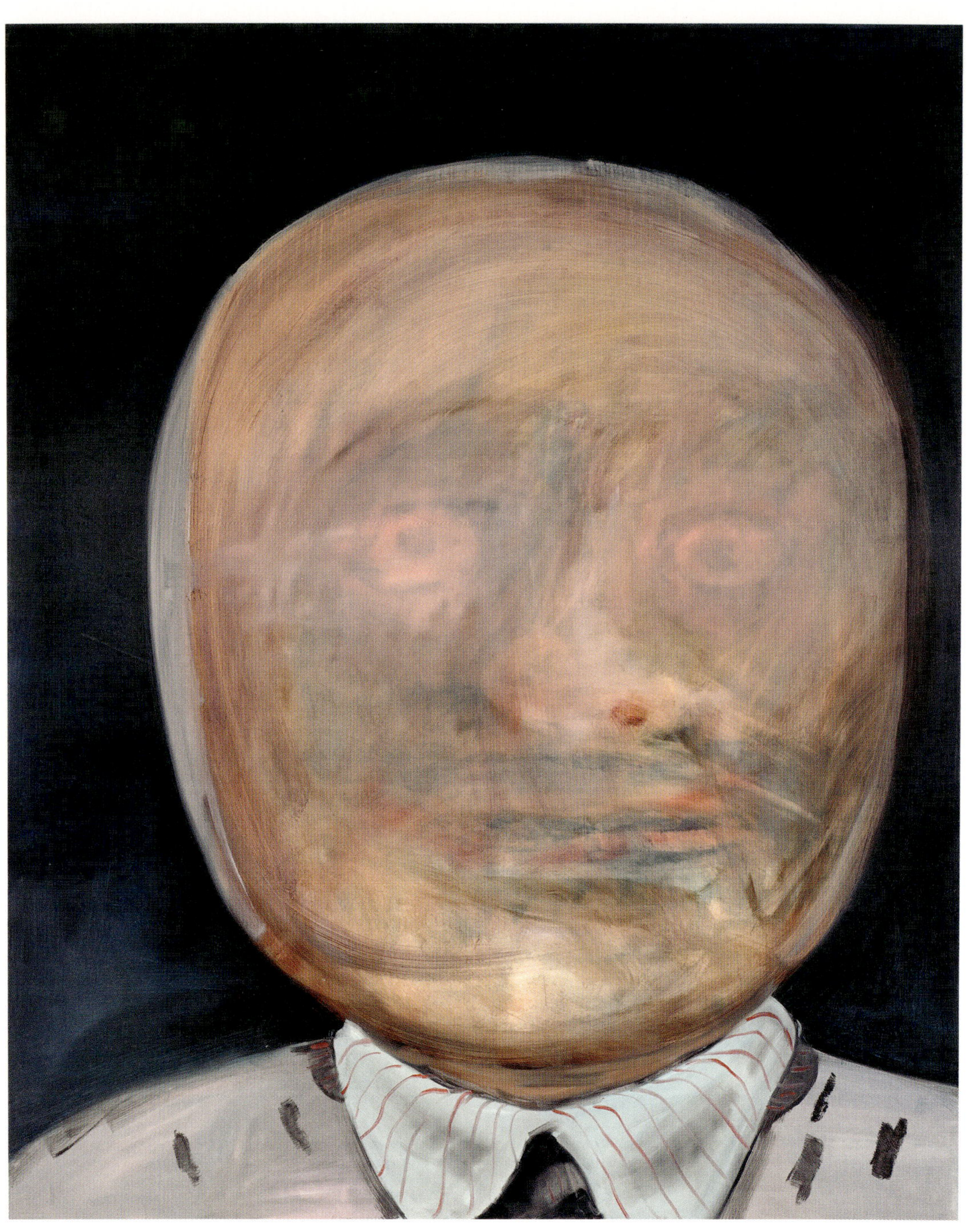

XV/40

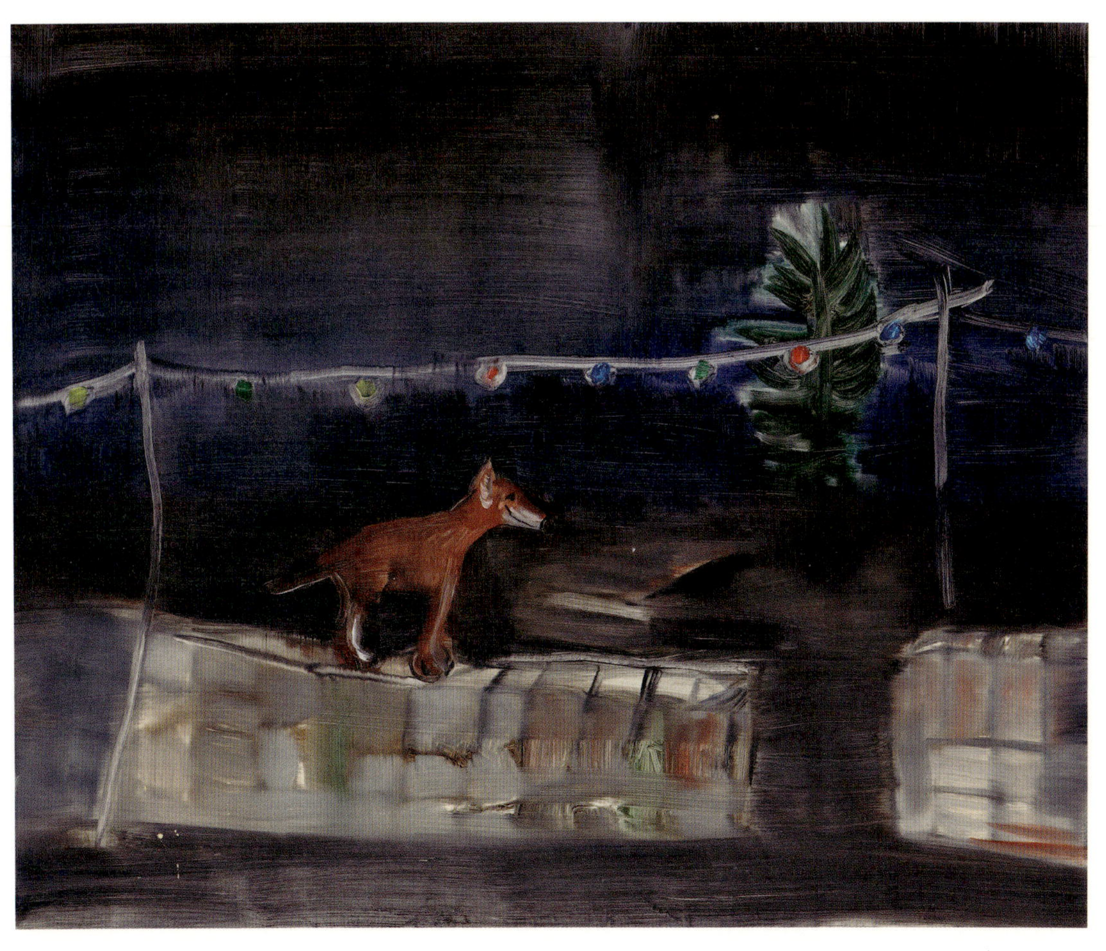

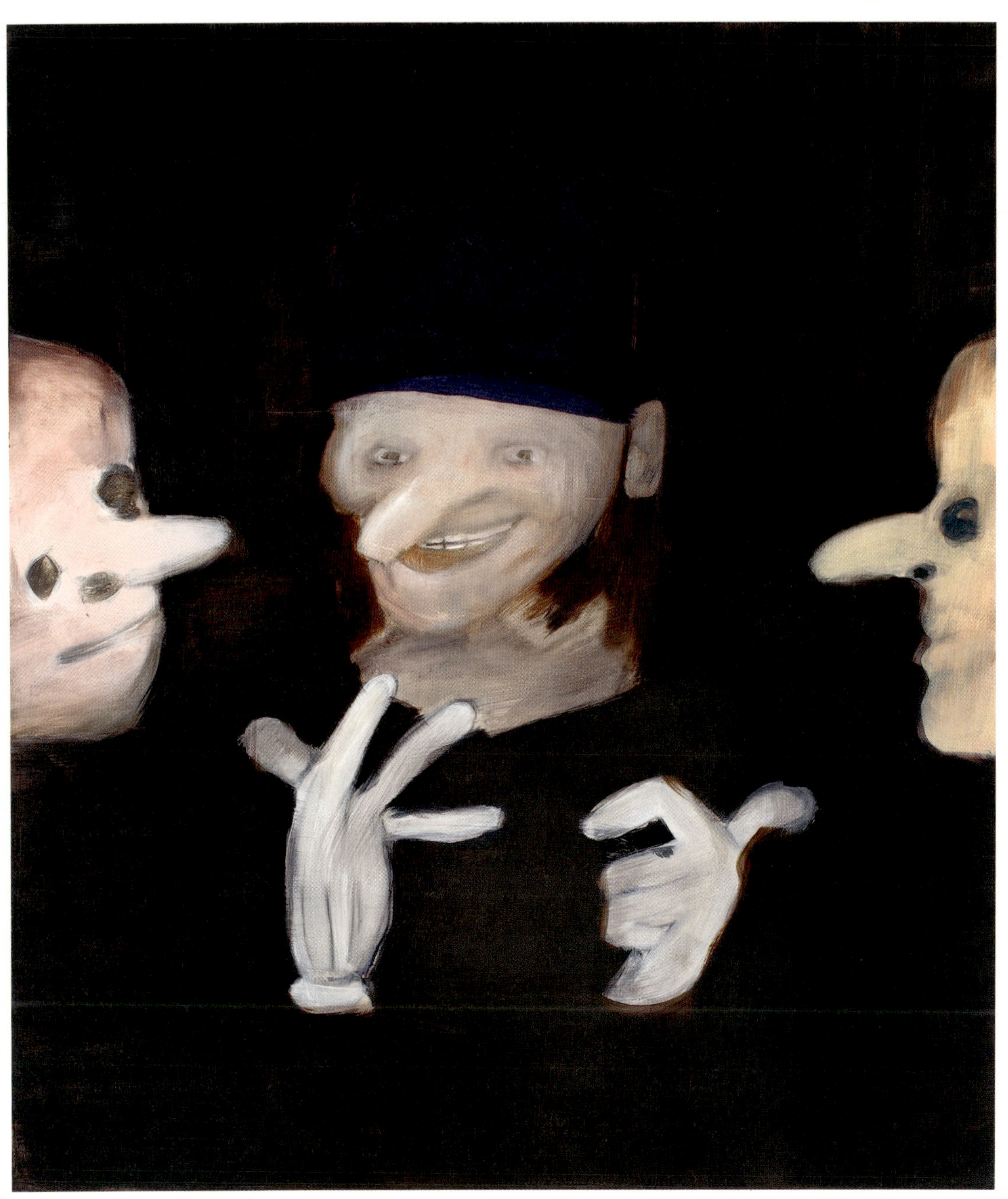

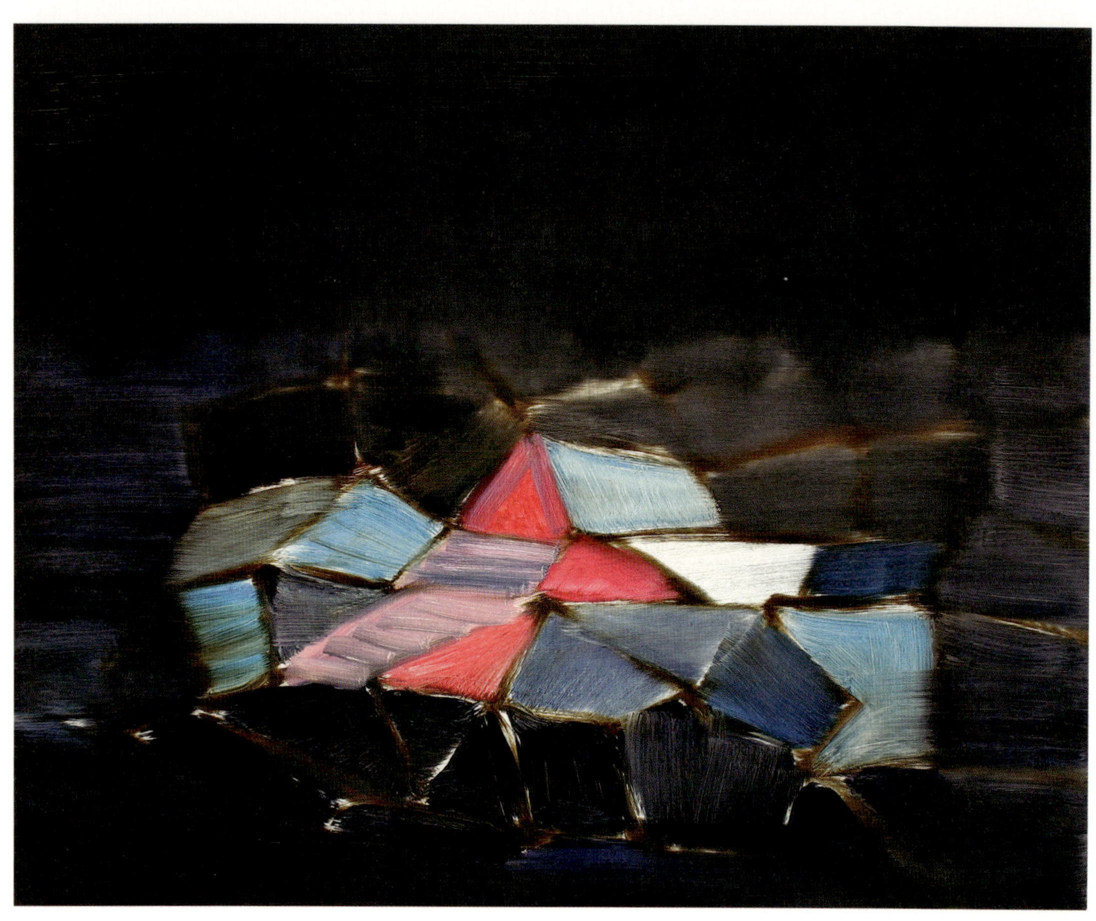

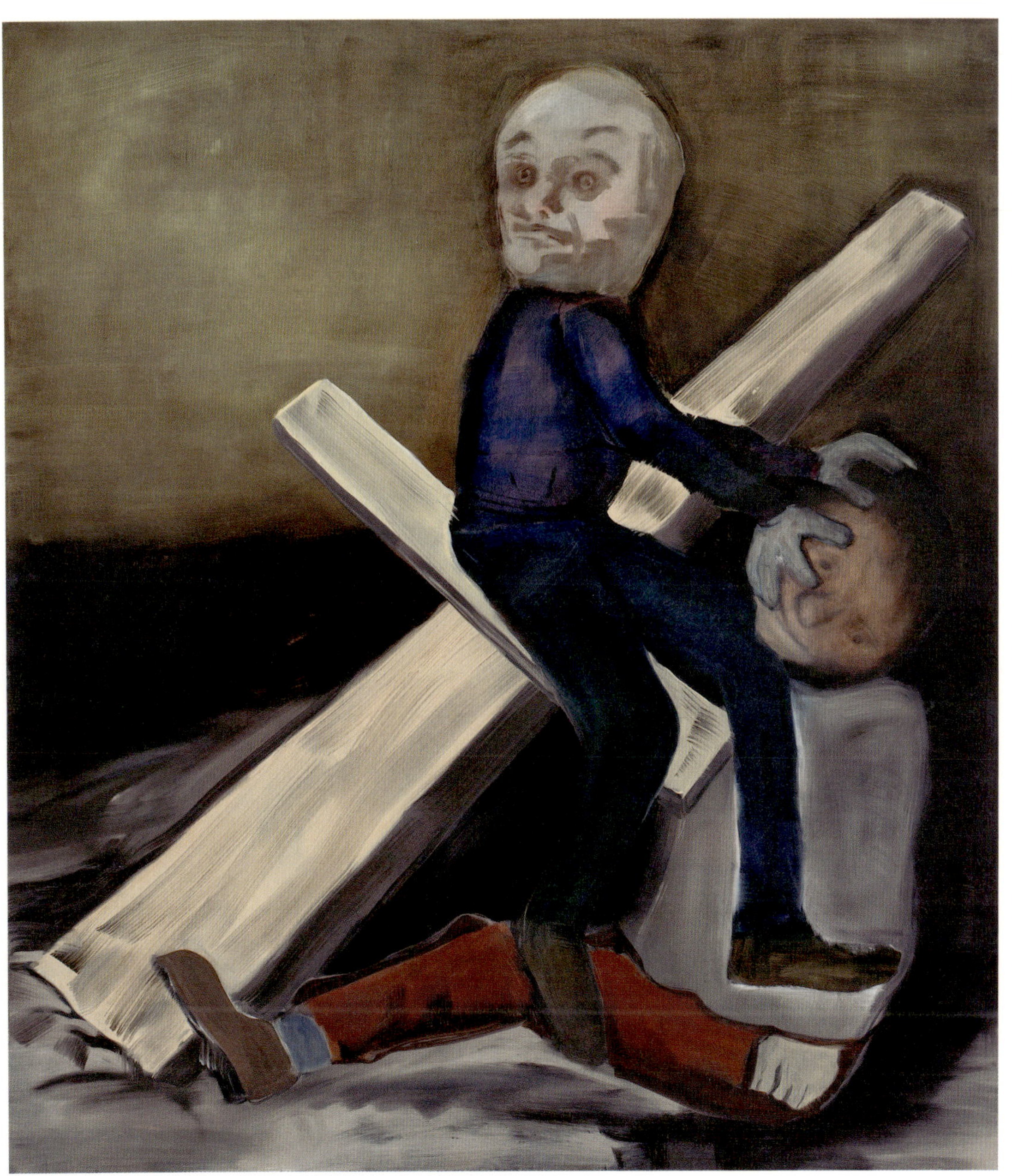

XIX/45

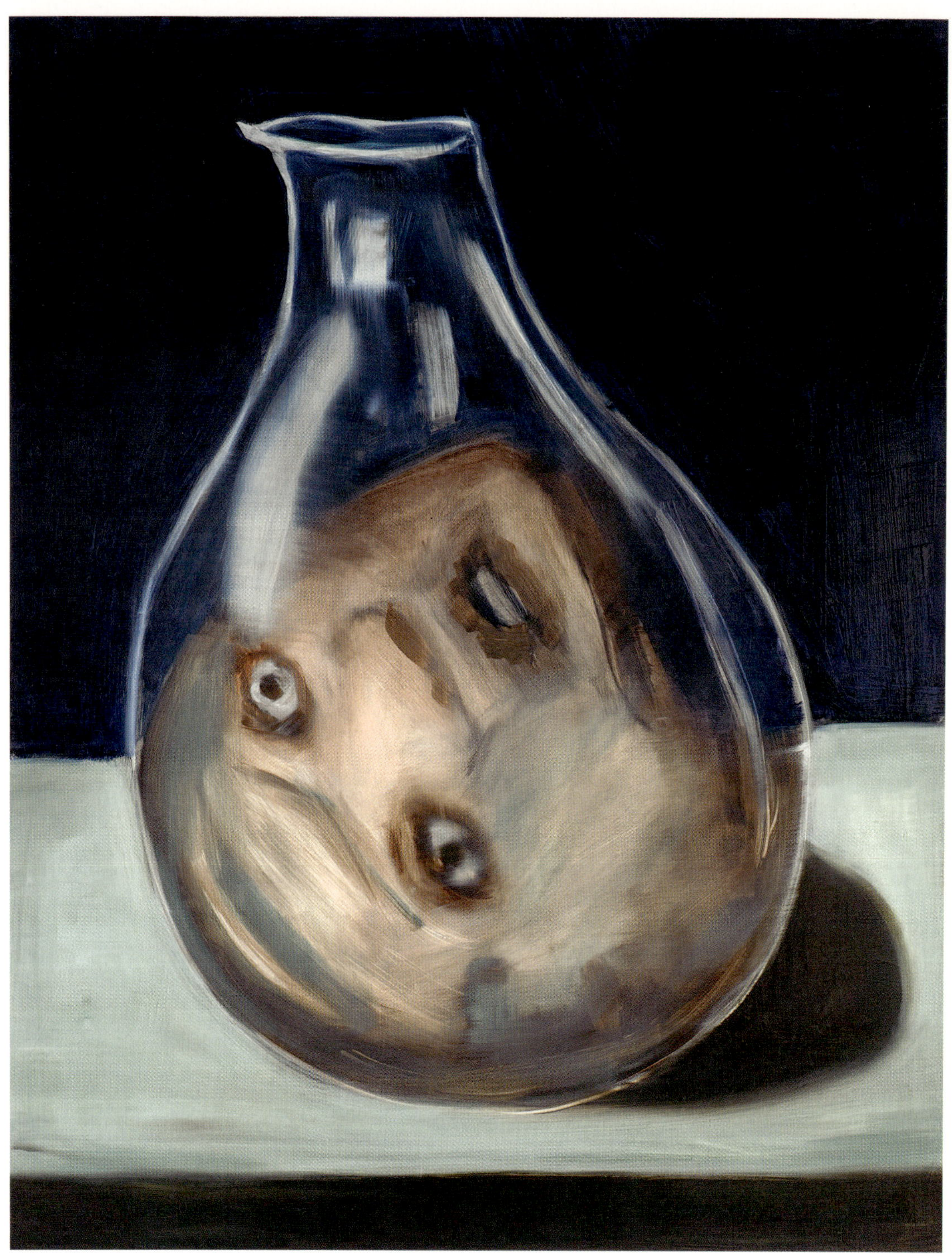

XX/46

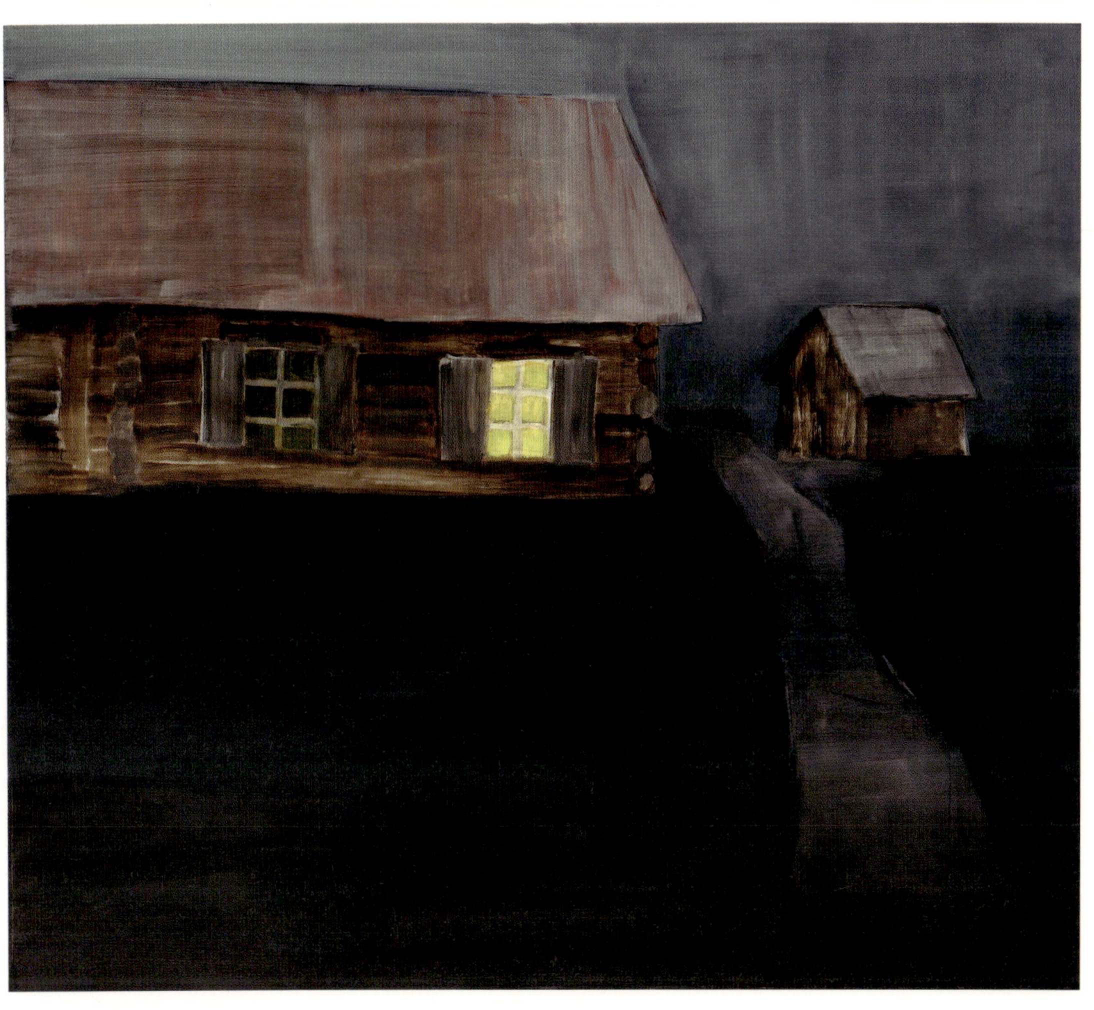

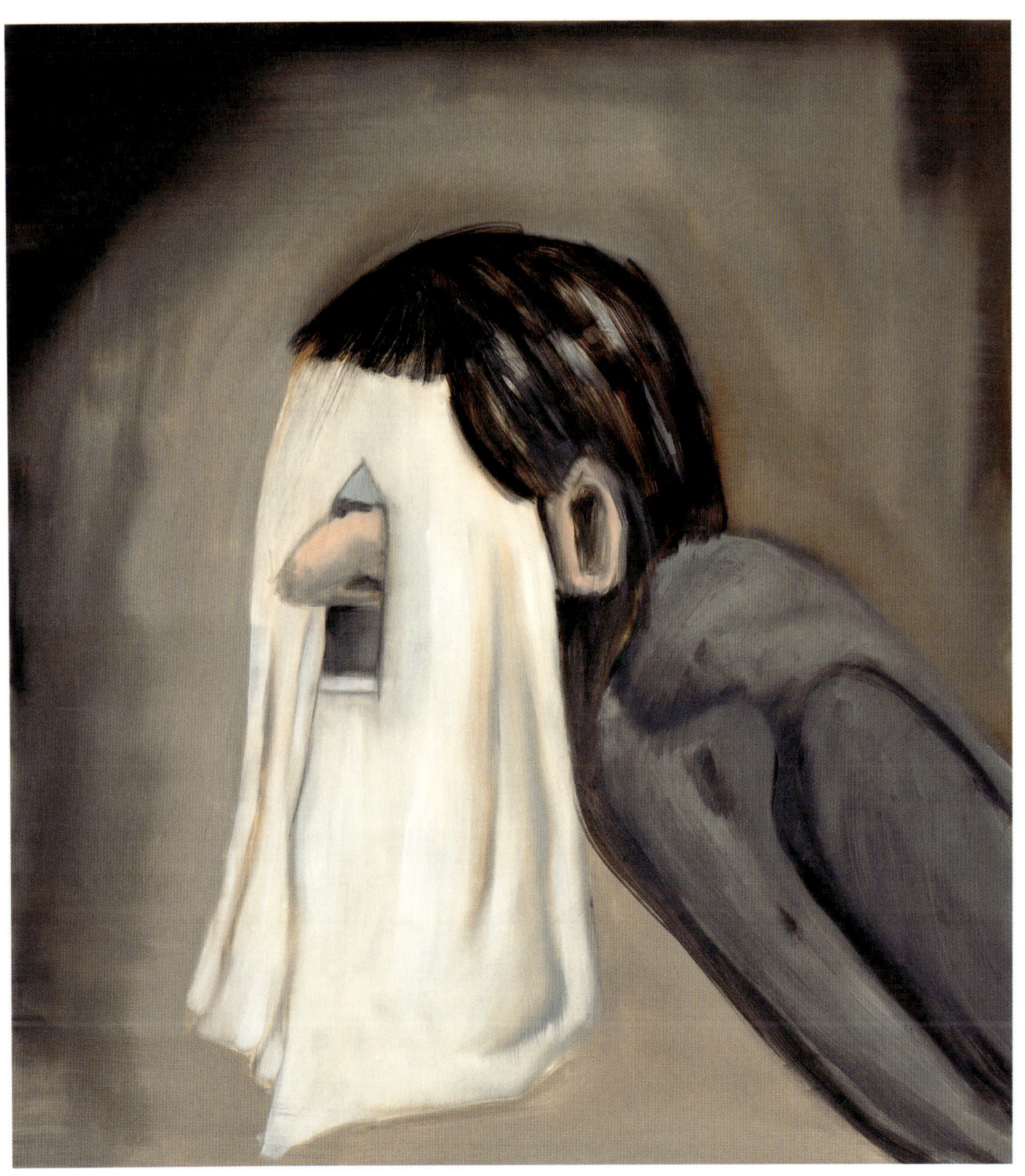

XXII/49

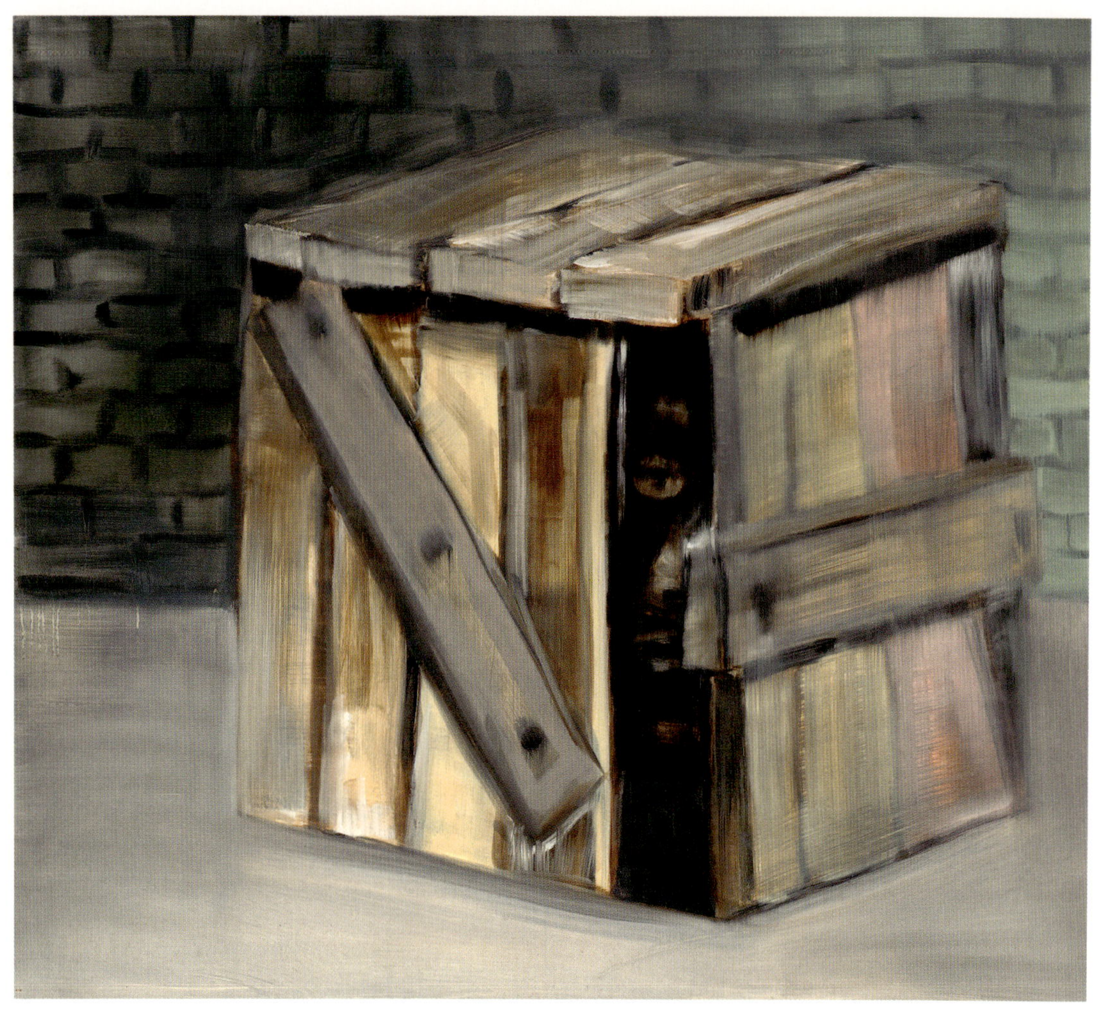

XXIII/50

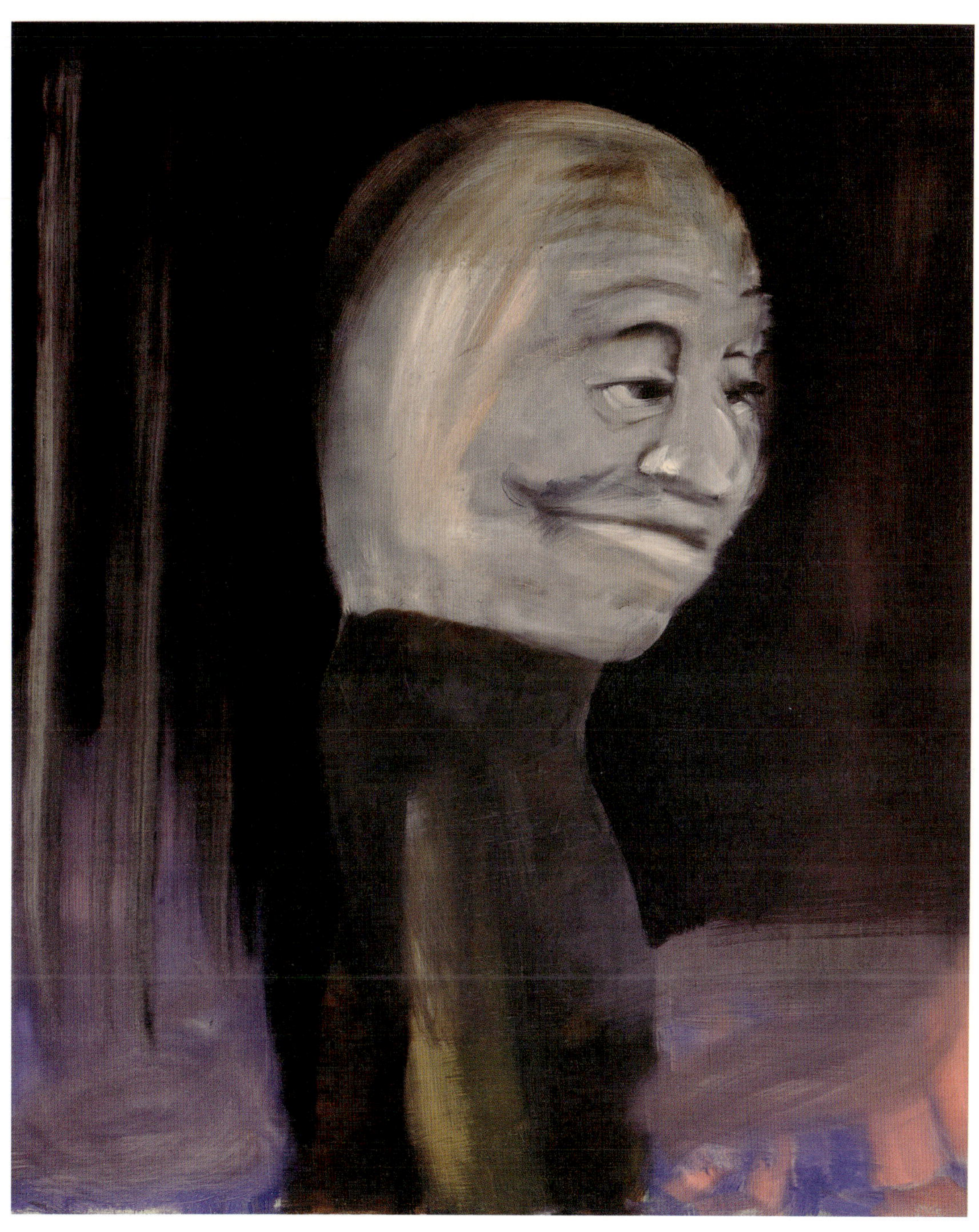

XXIV/51

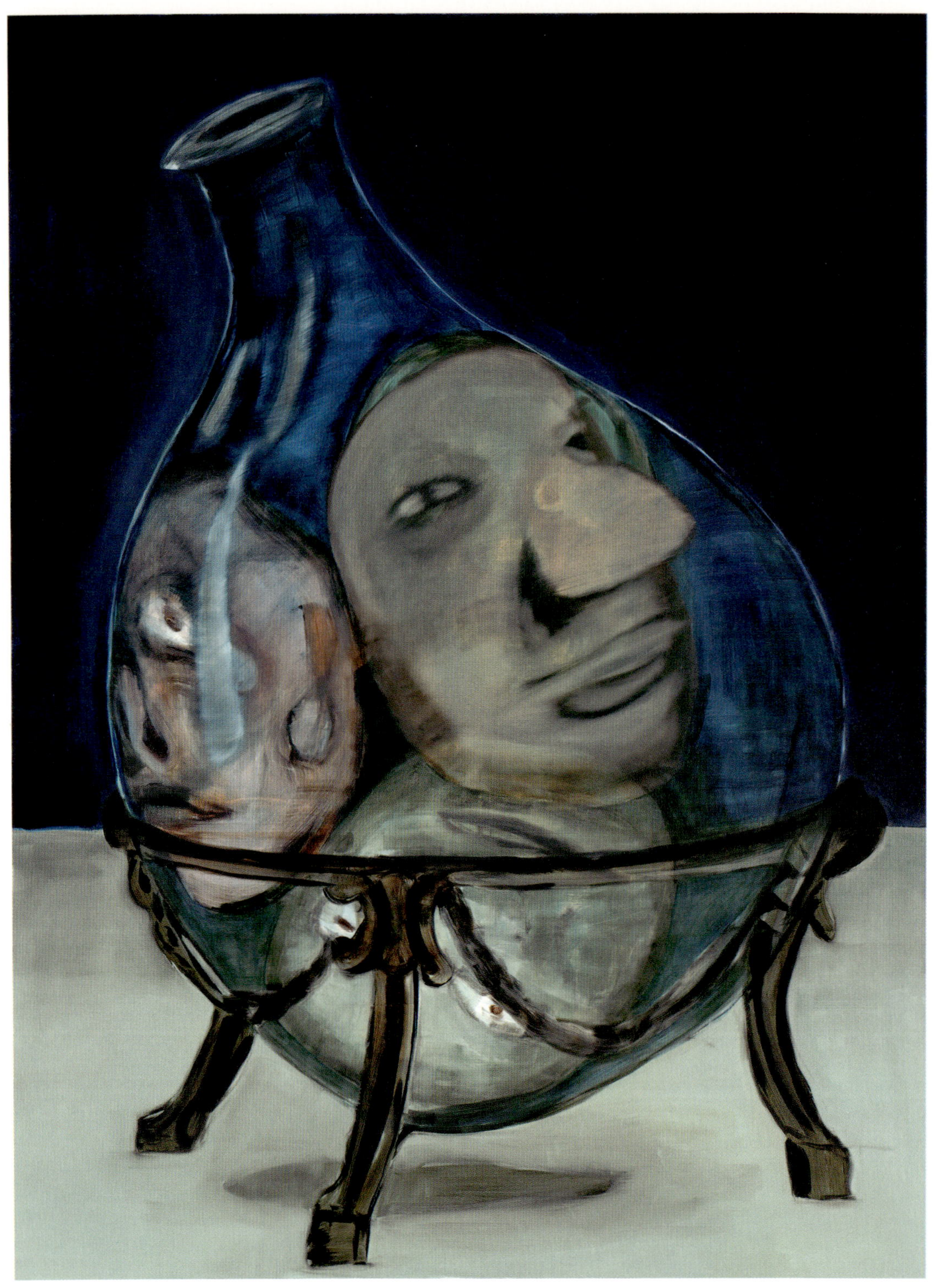

XXV/52

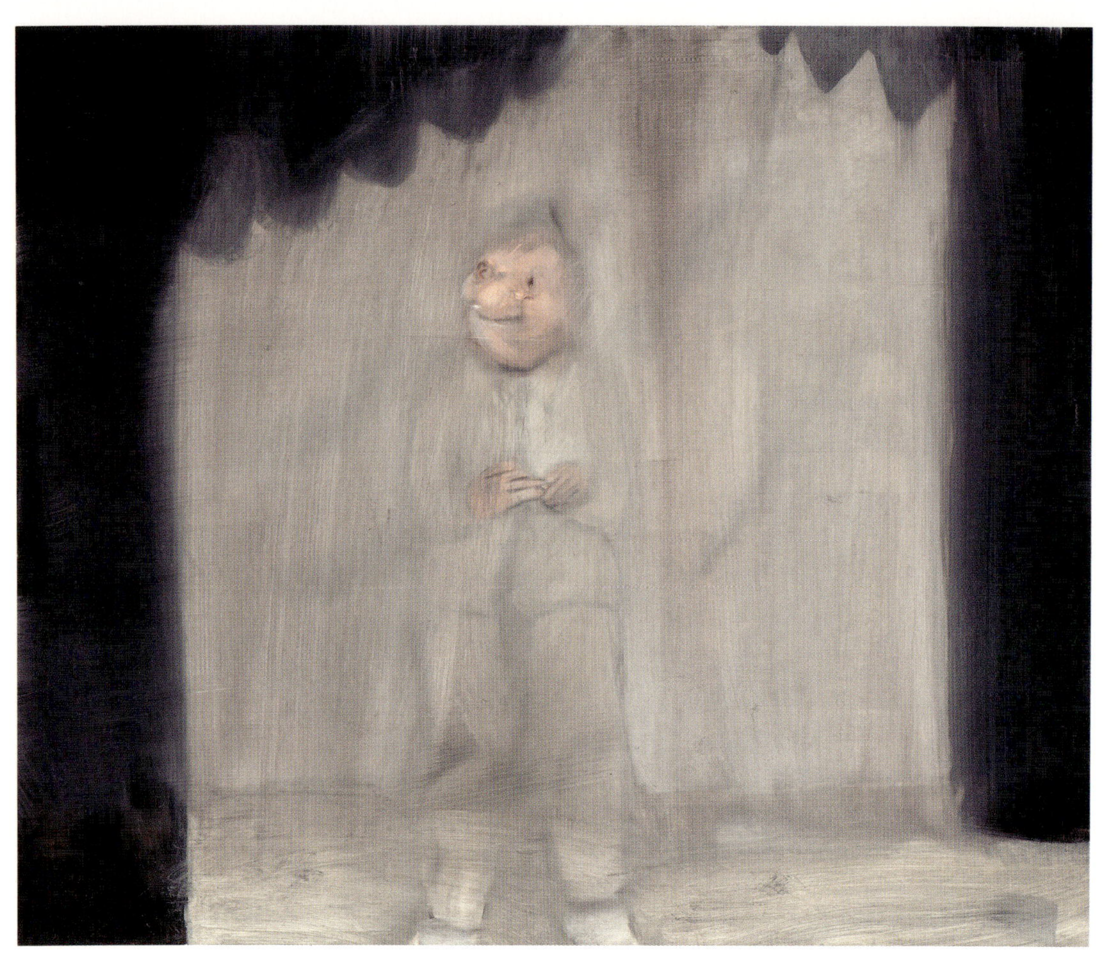

XXVI/54

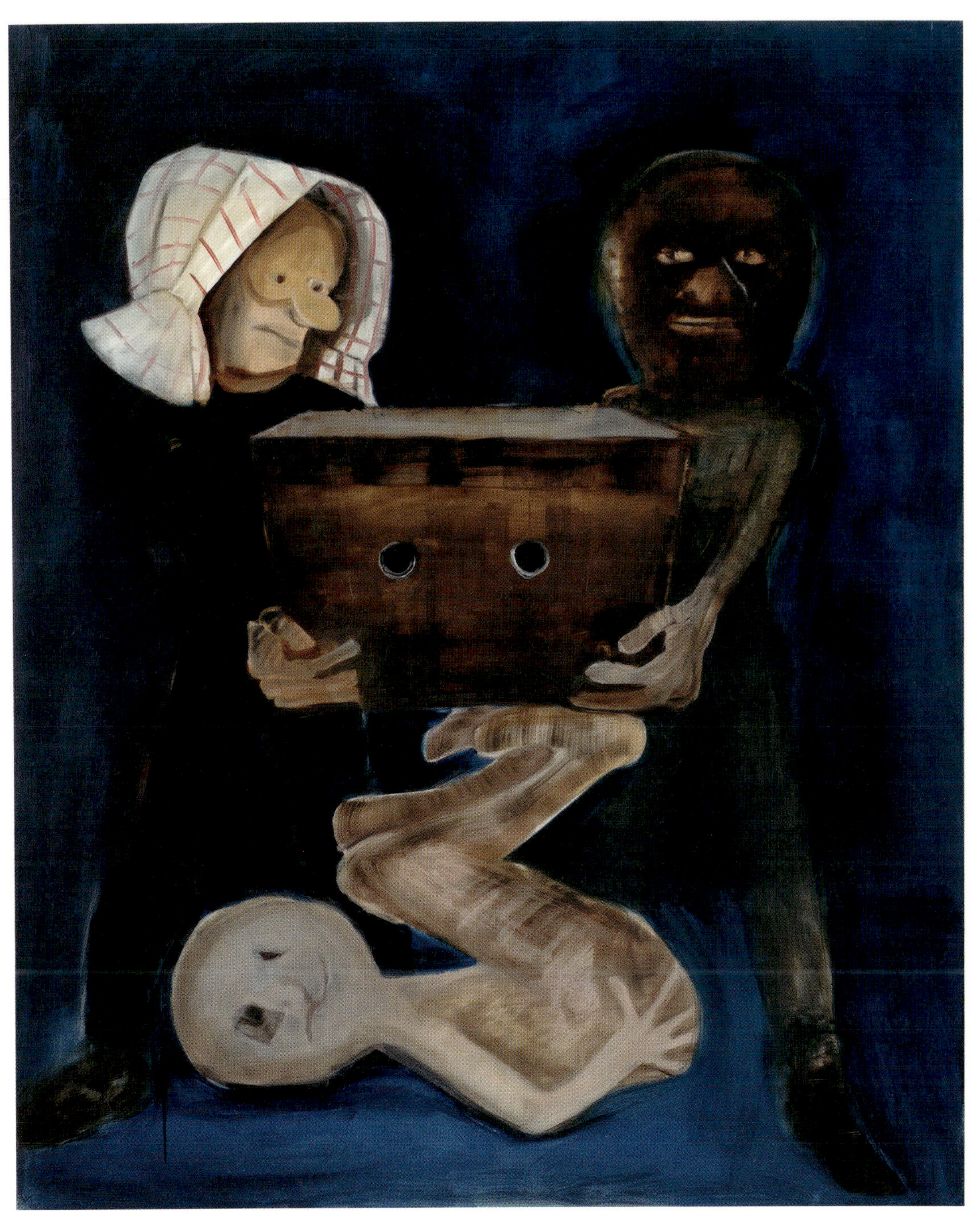

XXVII/55

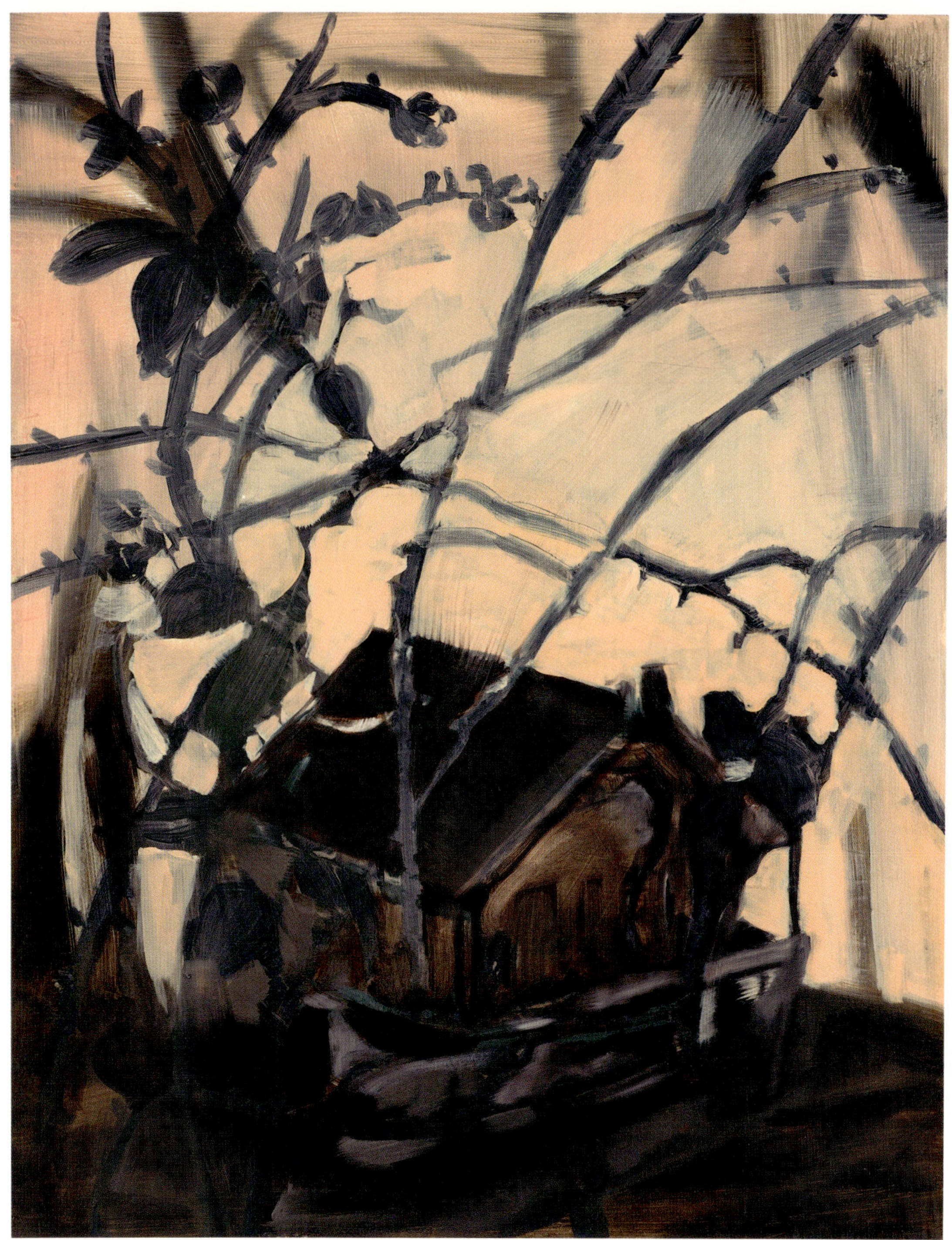

XXVIII/56

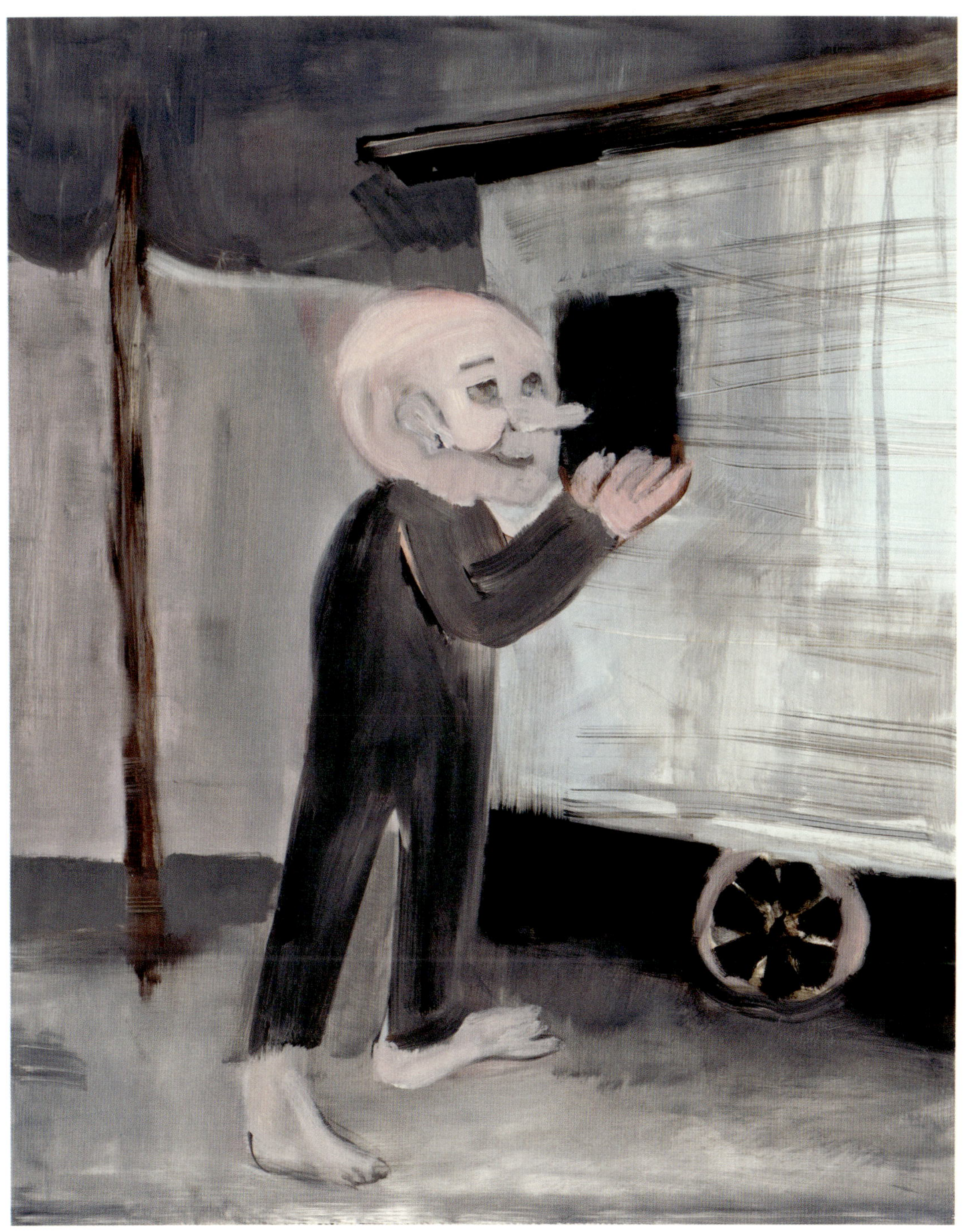

XXIX/57

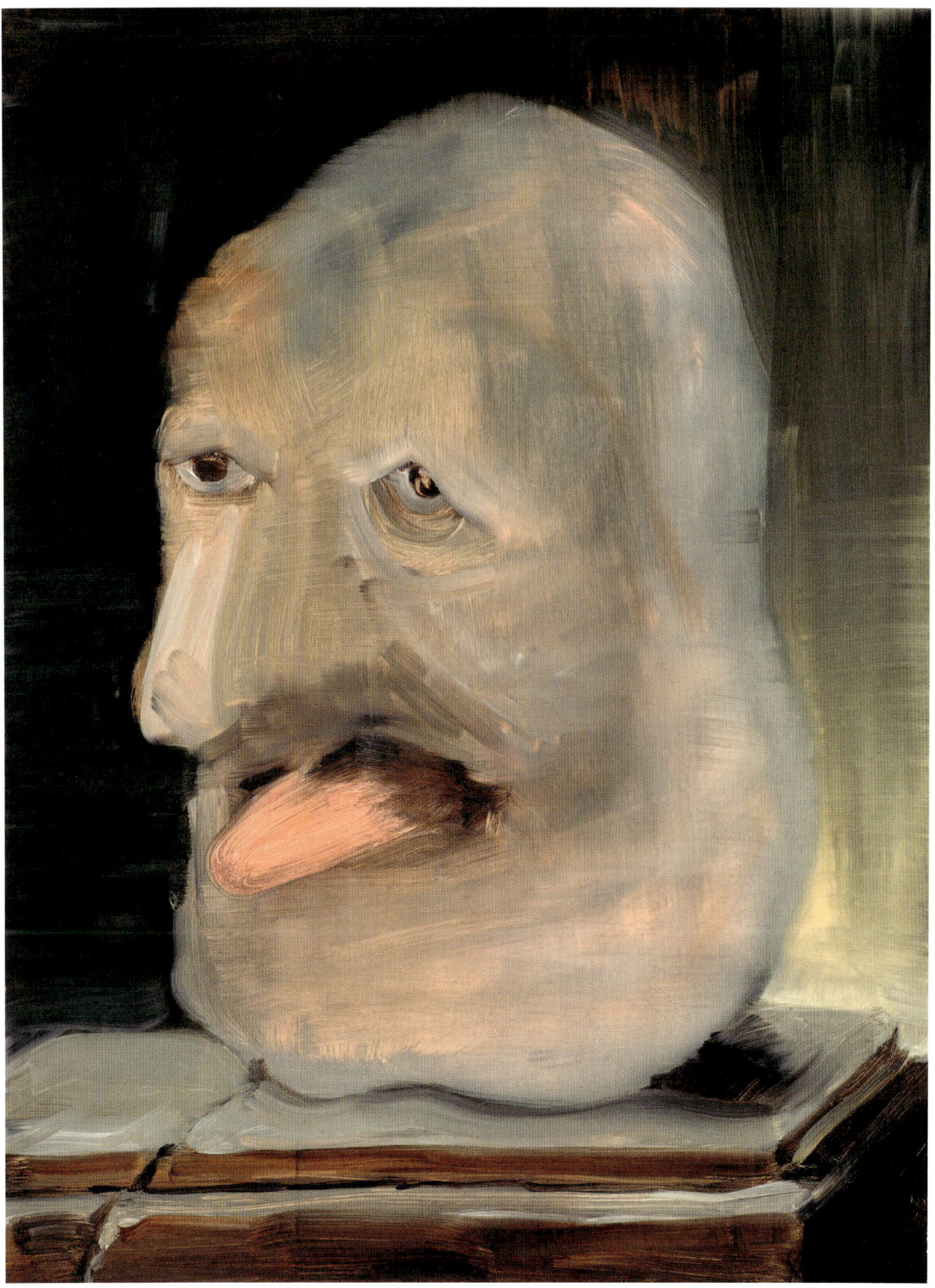

XXX/59

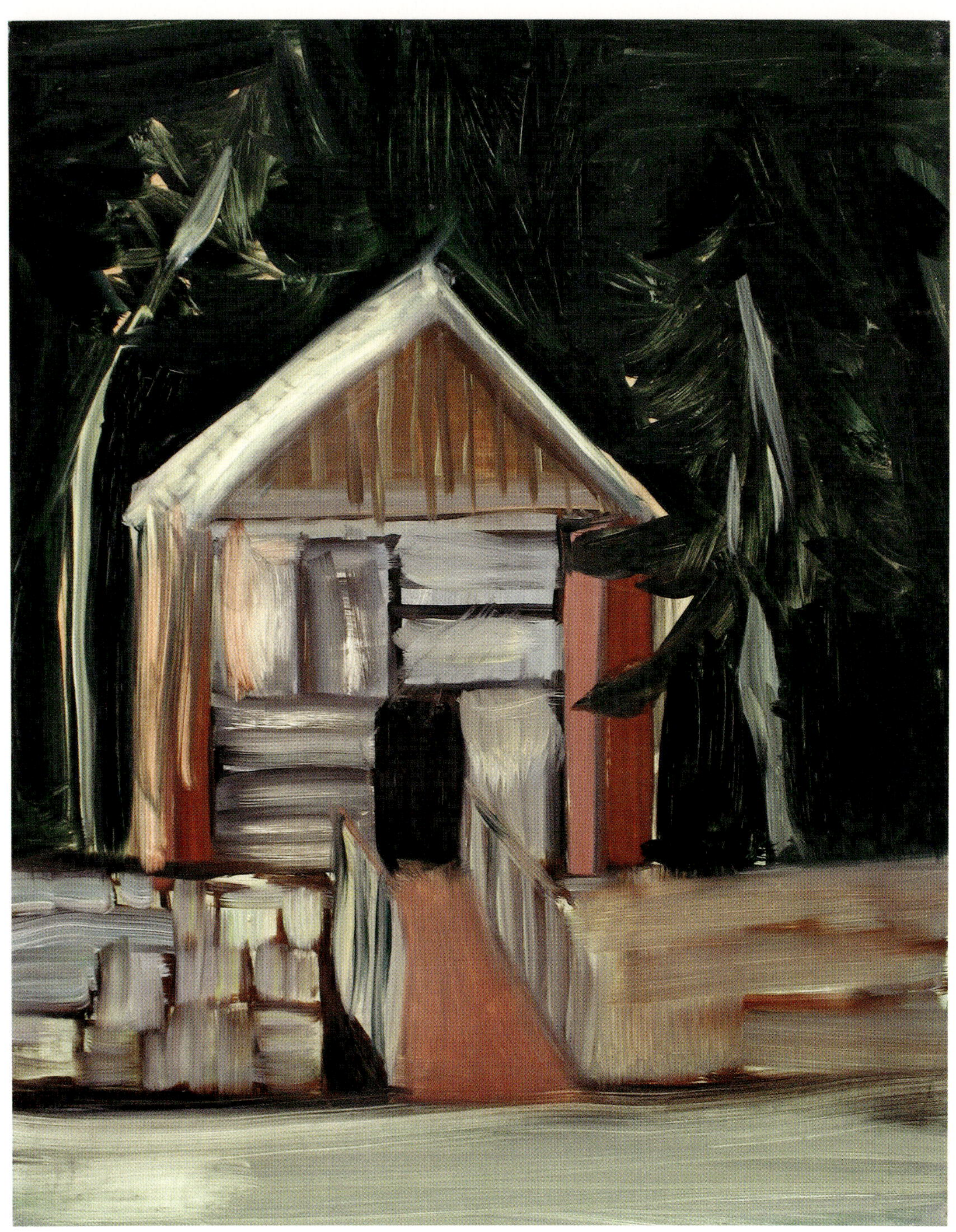

XXXI/60

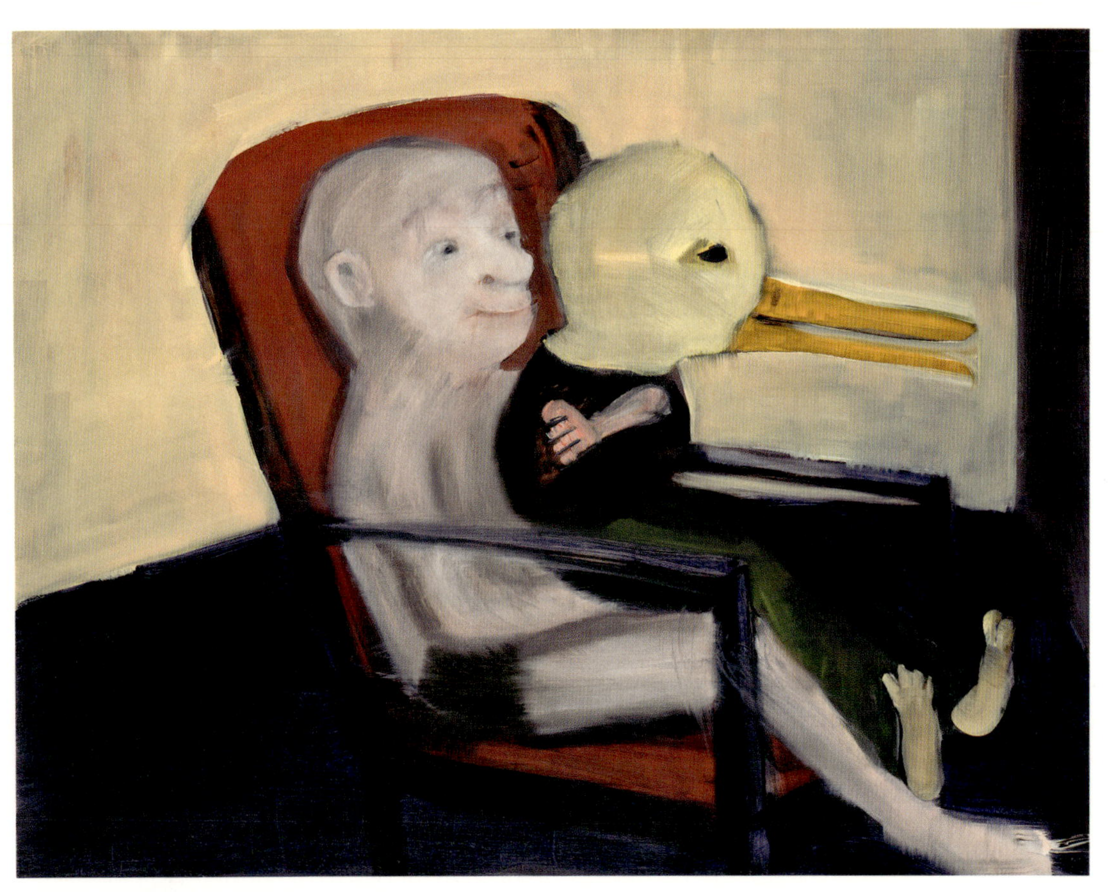

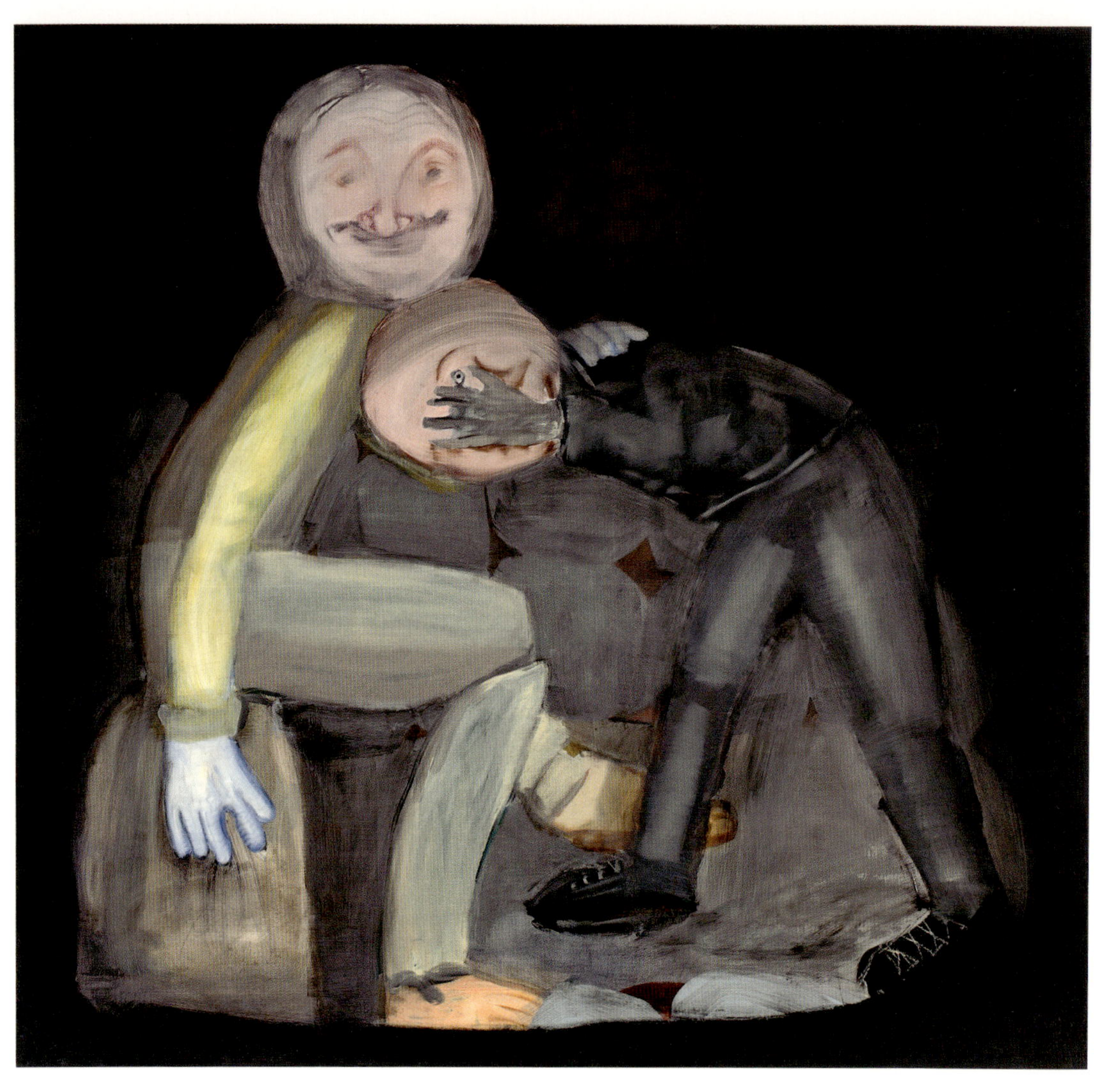

XXXIII/62

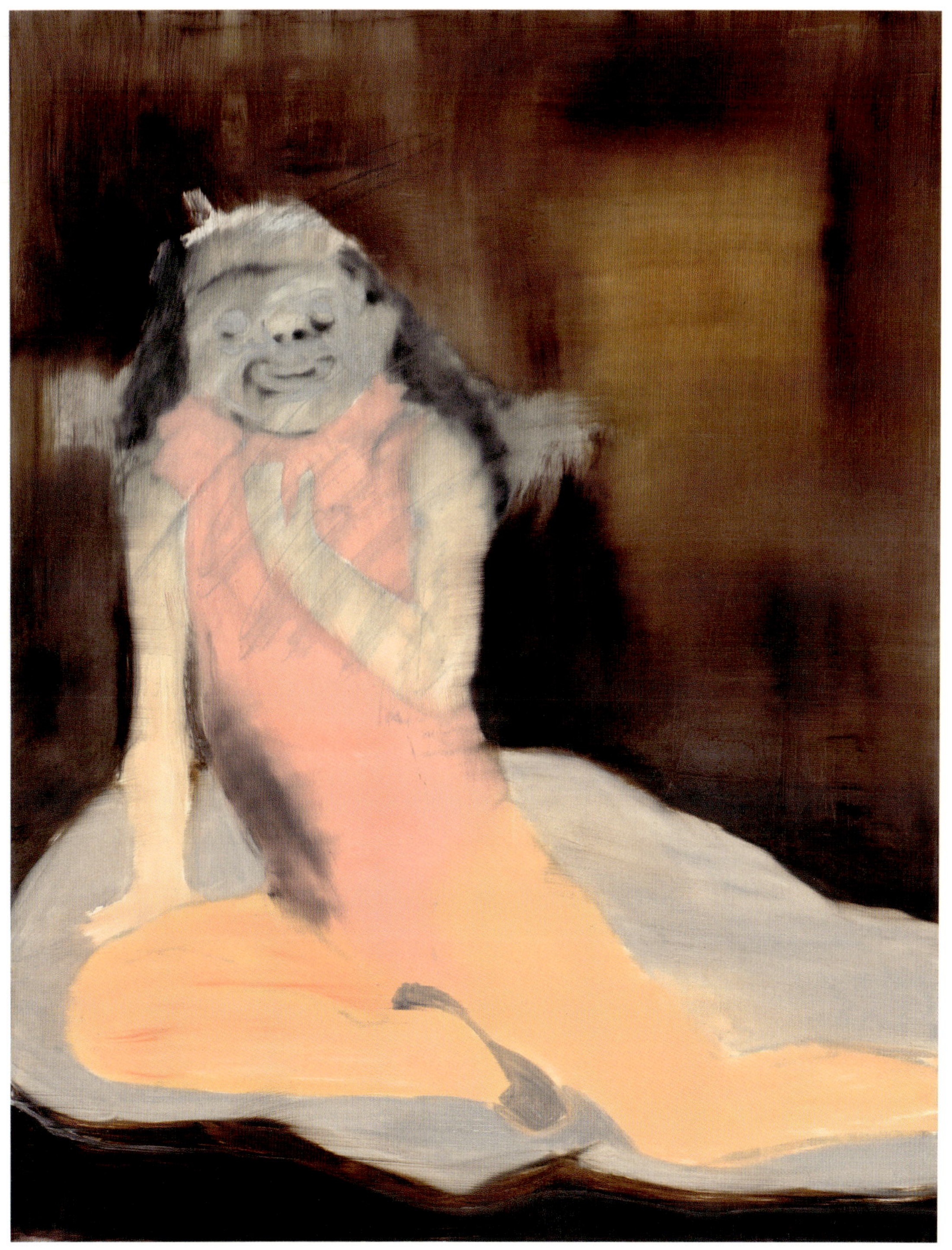

XXXIV/63

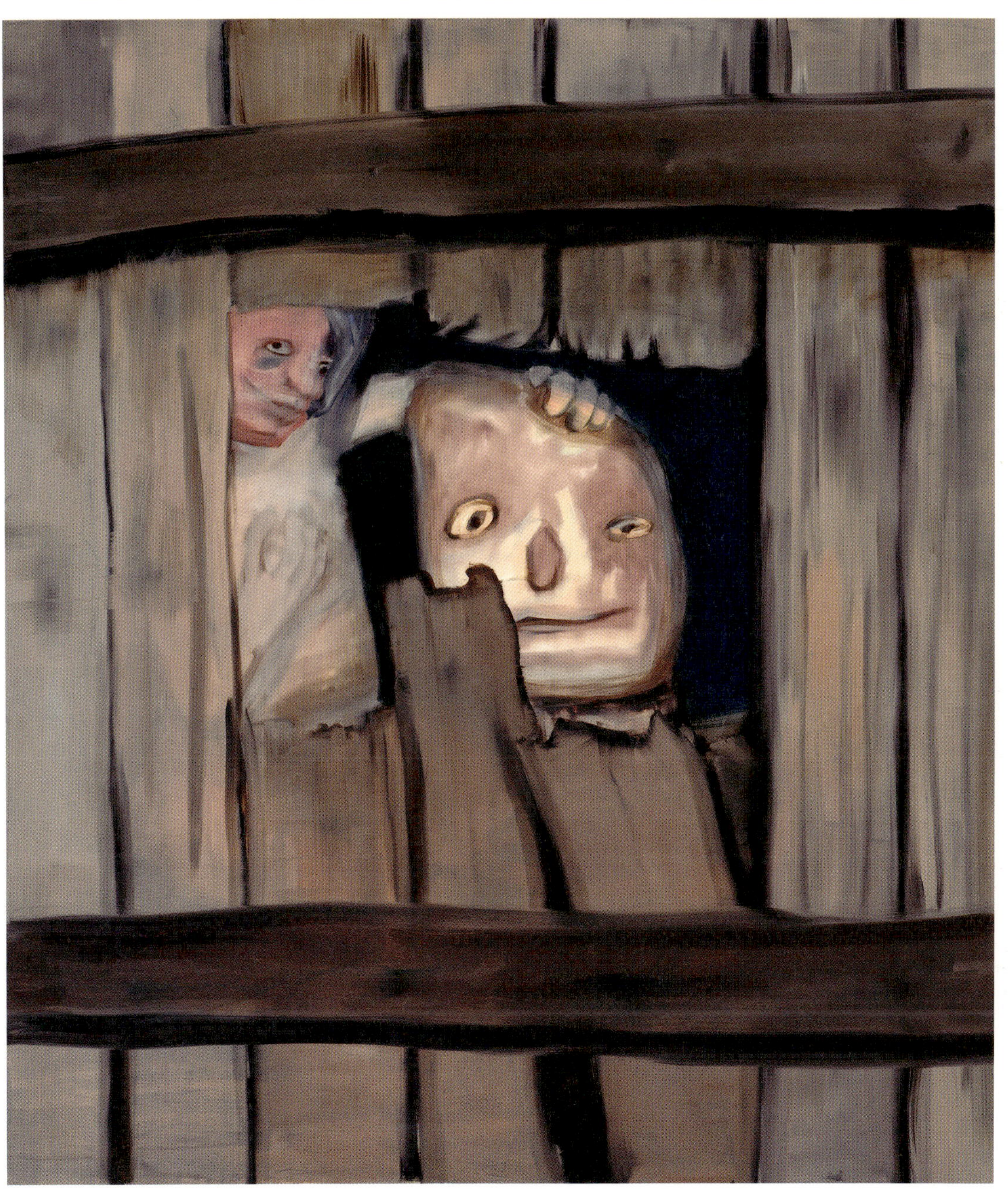

XXXV/65

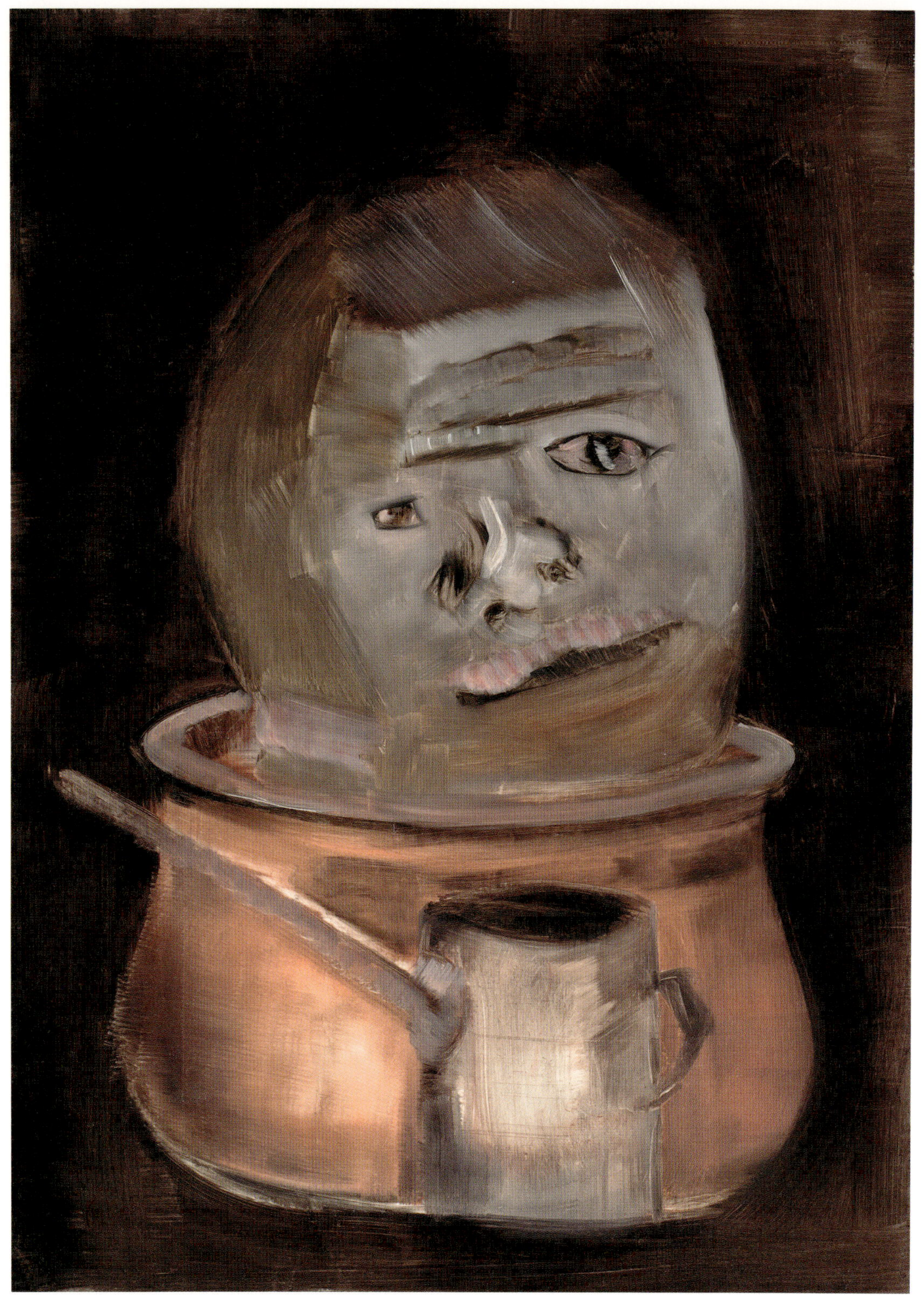

XXXVI/66

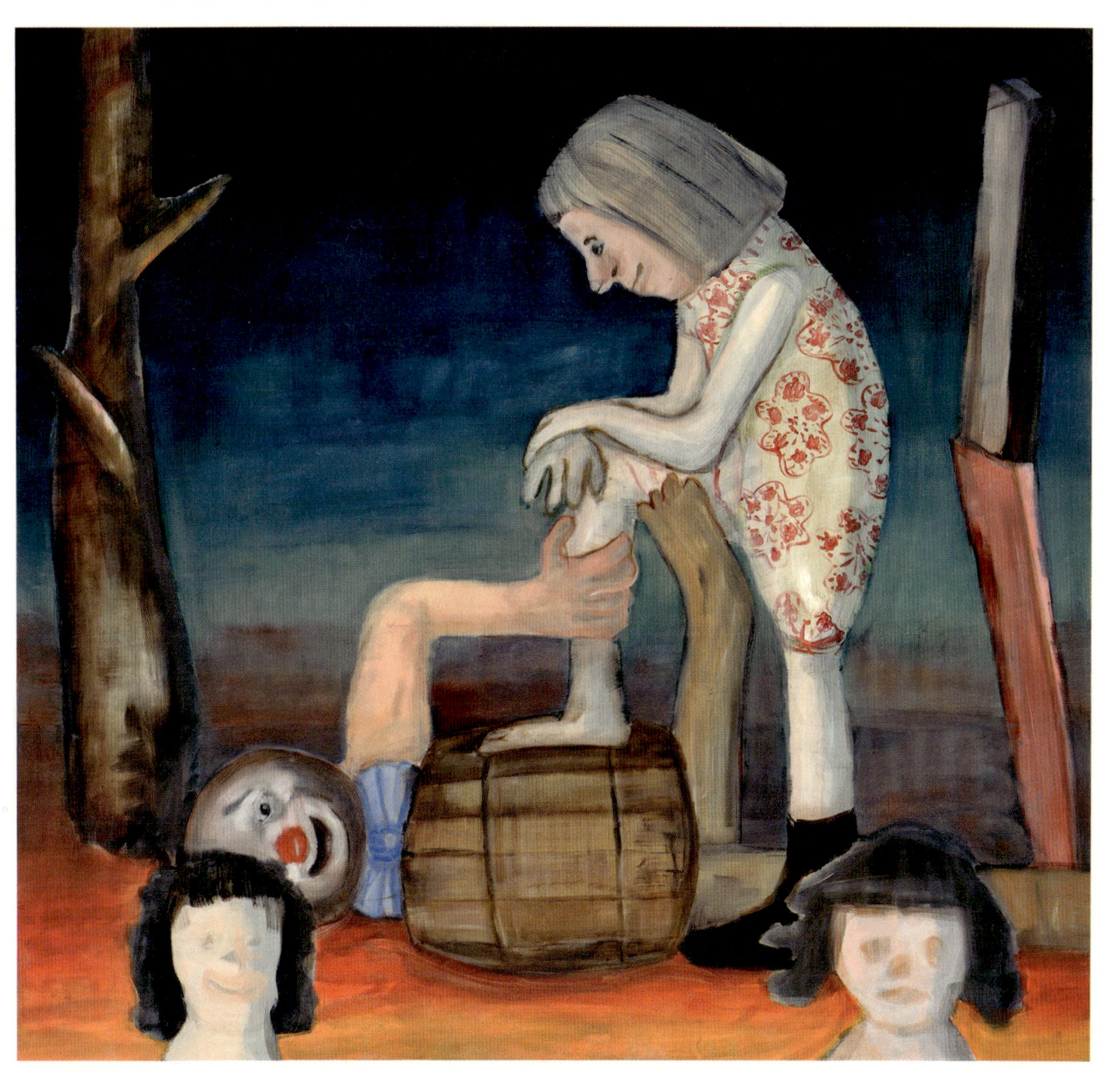

XXXVII/67

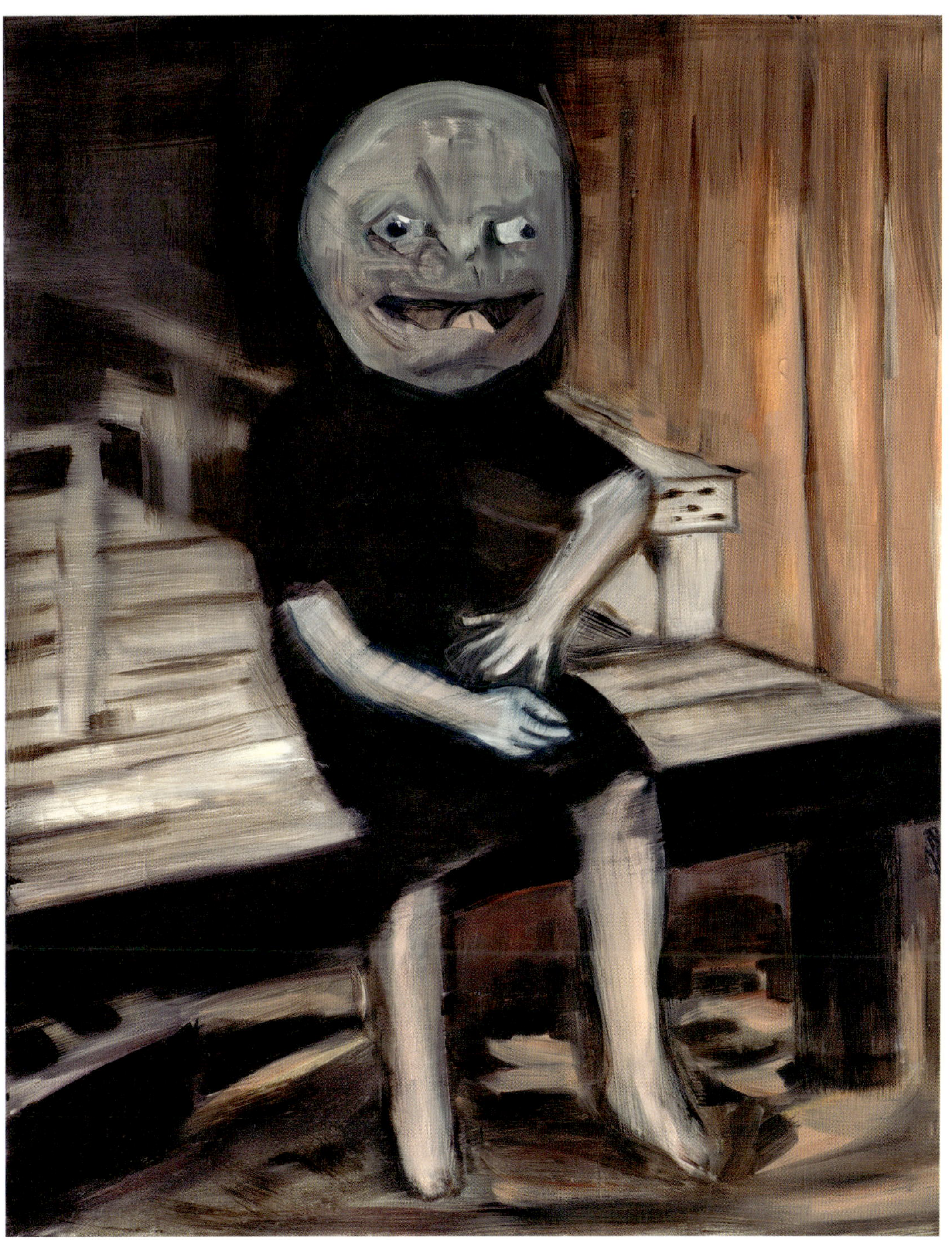

XXXVIII/69

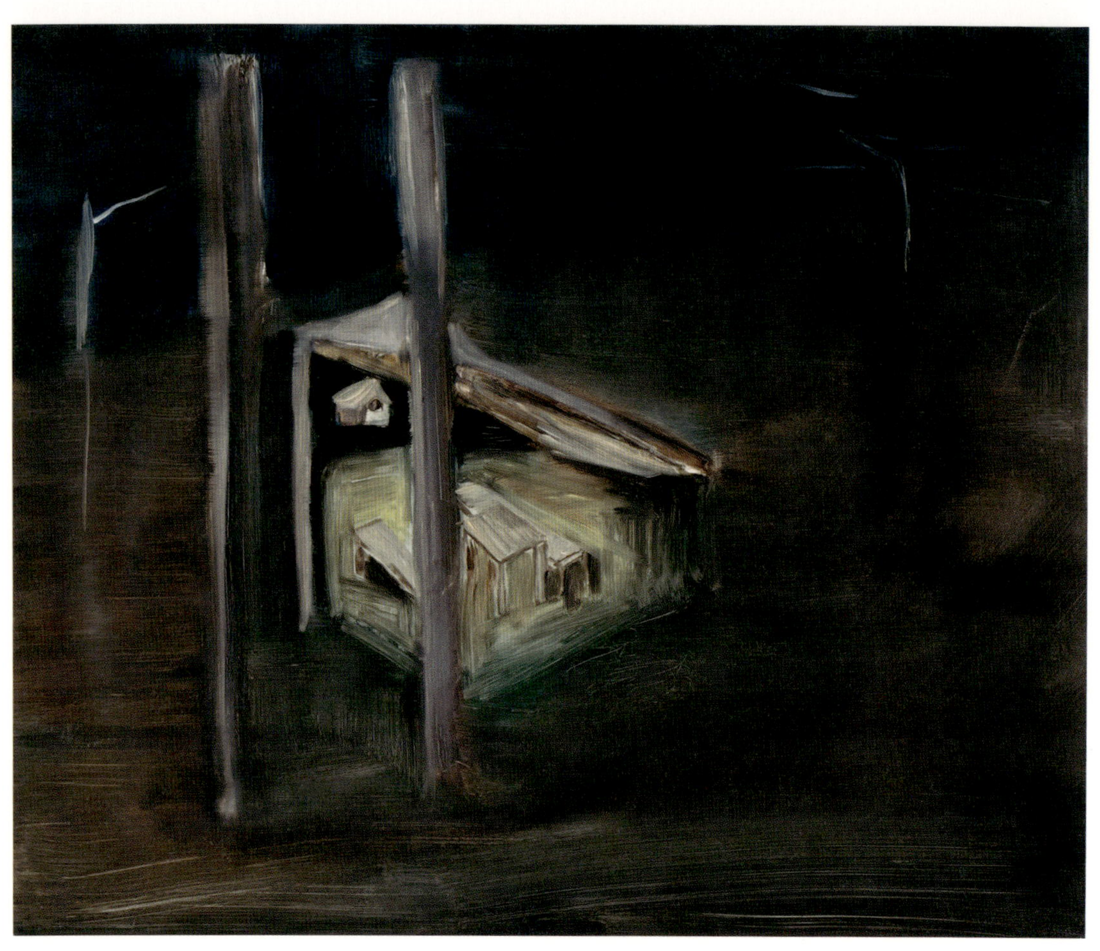

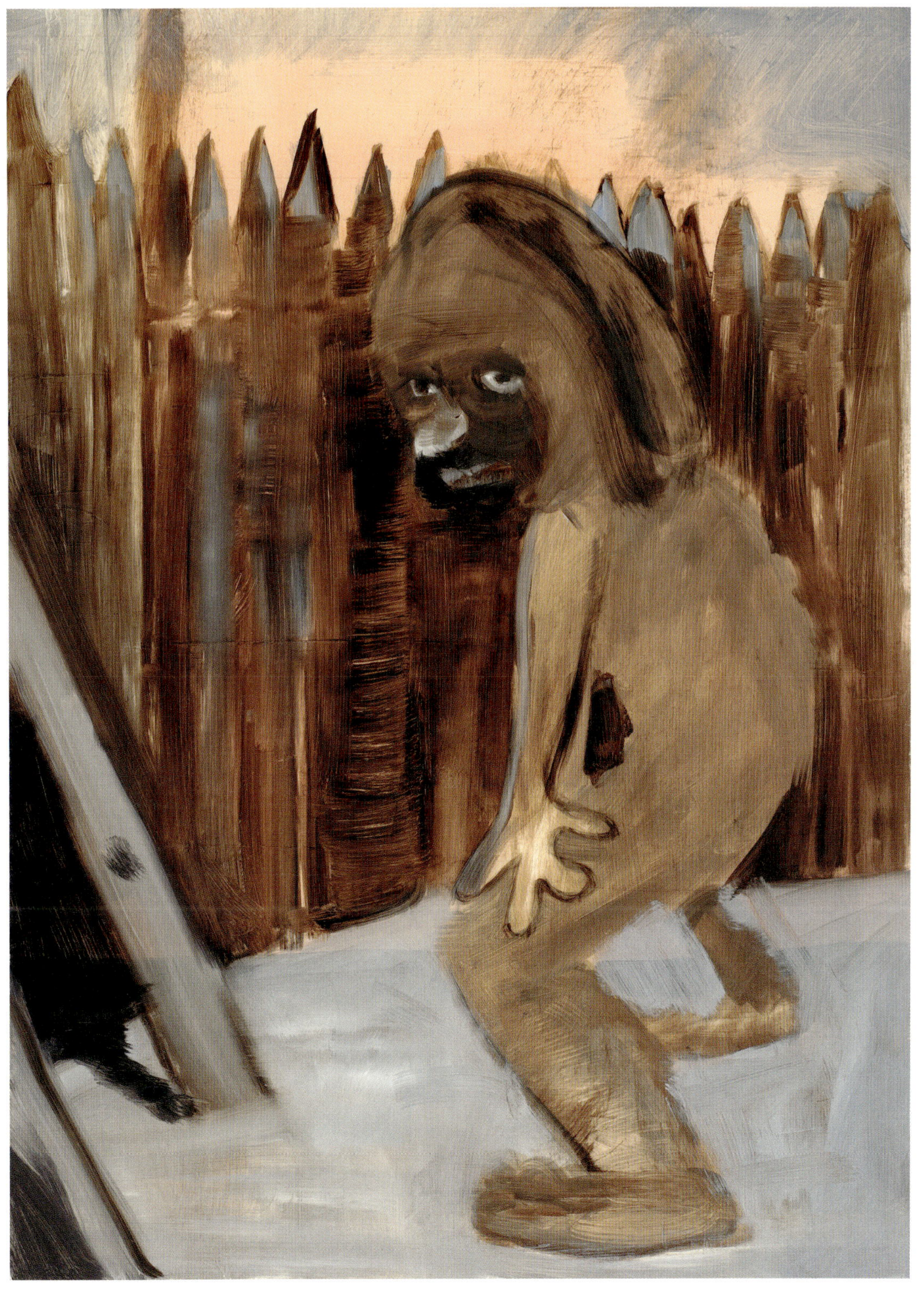

XL/71

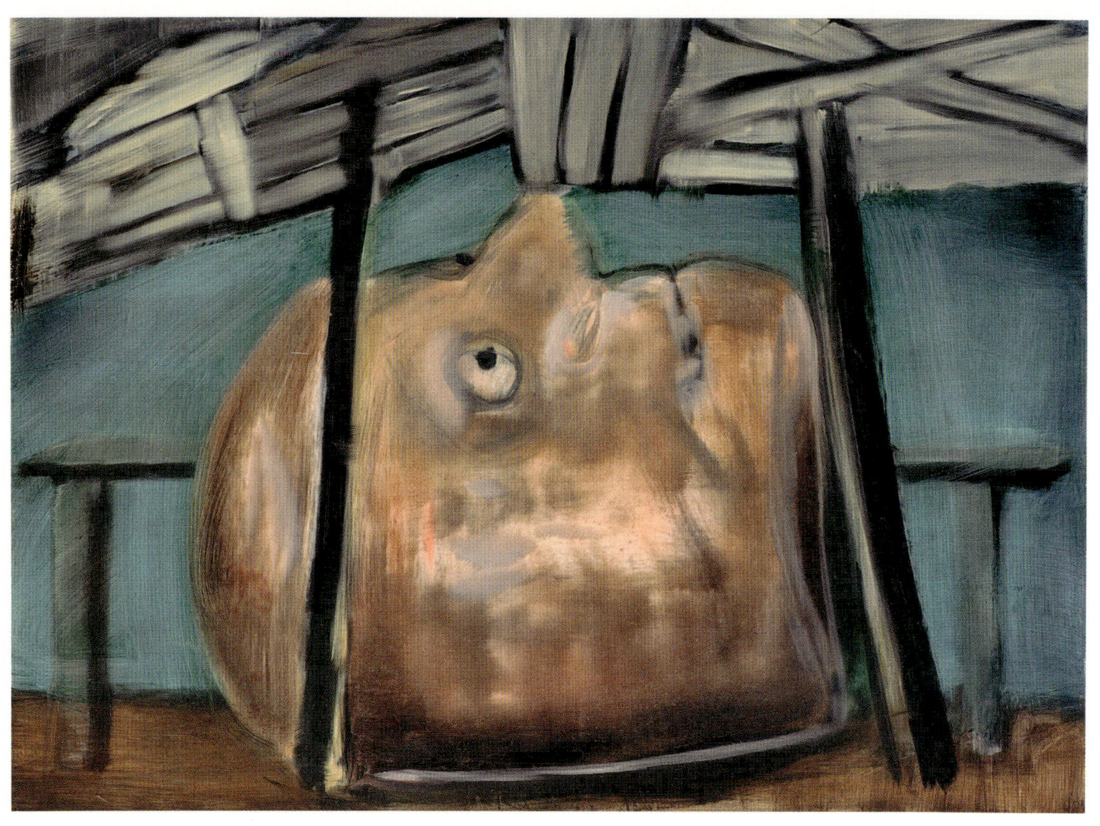

XLI/72

DANK
BIOGRAFIE
BILDNACHWEIS

ACKNOWLEDGMENTS
BIOGRAPHY
PICTURE CREDITS

# DANK/ACKNOWLEDGMENTS

Tatjana Gerhard dankt all jenen, die bei der Entstehung
dieses Buches mitgeholfen haben.

SPEZIELLEN DANK AN:
Simon Maurer, das gesamte Team des Helmhaus Zürich,
Daniel Morgenthaler, Nadine Rinderer, Georg Sidler, Ante Timmermans,
Bettina Meier-Bickel, Sabina Kohler, Nela Bunjevac, Anita Derungs,
Mark Deweer, Gerald Deweer, Bart Deweer, Jo Coucke, Dries Verstraete,
Philippe Van Cauteren, Denis M. Canakis

Vielen Dank an meine Familie und meine Freunde, die mich unterstützen.
Ebenso allen Bekannten und Unbekannten, die meine Arbeit
verfolgen und schätzen.

Tatjana Gerhard wird in der Schweiz vertreten durch Rotwand, Zürich,
und in Belgien durch die Deweer Gallery, Otegem.

AUTOREN:
Simon Maurer, *1964, Leiter des Helmhaus Zürich, lebt in Zürich
Daniel Morgenthaler, *1978, Kunstjournalist, lebt in Zürich

Tatjana Gerhard would like to thank all those who assisted
in the production of this book.

SPECIAL THANKS GOES TO:
Simon Maurer, the team at Helmhaus Zürich, Daniel Morgenthaler,
Nadine Rinderer, Georg Sidler, Ante Timmermans,
Bettina Meier-Bickel, Sabina Kohler, Nela Bunjevac, Anita Derungs,
Mark Deweer, Gerald Deweer, Bart Deweer, Jo Coucke, Dries Verstraete,
Philippe Van Cauteren, Denis M. Canakis

Many thanks to my family and the friends who support me.
Also to those known and unknown who follow and support my work.

Tatjana Gerhard is represented in Switzerland by Rotwand, Zurich,
and in Belgium by Deweer Gallery, Otegem.

AUTHORS:
Simon Maurer, *1964, Director of the Helmhaus Zürich, lives in Zurich
Daniel Morgenthaler, *1978, art journalist, lives in Zurich

# BIO
## TATJANA GERHARD

Geboren 1974 in Zürich
Lebt und arbeitet in Zürich und Gent

### AUSBILDUNG

1997–2001 Fachklasse für das Höhere Lehramt im Bildnerischen Gestalten, Zürcher
Hochschule der Künste ZHdK, Zürich
1995–1997 Fachklasse für WerklehrerInnen, Zürcher Hochschule der Künste ZHdK, Zürich
1994–1995 Vorkurs, Zürcher Hochschule der Künste ZHdK, Zürich

### EINZELAUSSTELLUNGEN (AUSWAHL)

2010 *es scheint so* (Kurator Simon Maurer), Helmhaus Zürich, Schweiz (Katalog)
*Als ob sie alles wussten*, Deweer Gallery, Otegem, Belgien
2008 Rotwand, Zürich, Schweiz
2007 *ausgewildert*, Dina4 Projekte, München, Deutschland
2006 Galerie staubkohler (zusammen mit Nina Weber), Zürich, Schweiz
Galerie Artdirekt, Bern, Schweiz
2005 *also dass es im Finstern stand*, les complices*, Zürich, Schweiz
Galerie Artdirekt, Bern, Schweiz

### GRUPPENAUSSTELLUNGEN (AUSWAHL)

2010 *Hareng Saur: Ensor and Contemporary Art*, S.M.A.K. and Museum for Fine Arts,
Gent, Belgien (Katalog)
*Portraits de Collectionneurs* Jocelyne et Fabrice Petignat, Muro Gallery,
Châtelaine, Schweiz
*in transit*, Rotwand, Zürich, Schweiz
2009 *Stipendium Vordemberge-Gildewart*, Aargauer Kunsthaus, Aarau, Schweiz
*Konferenz der Tiere – Tierdarstellungen der Sturzenegger-Stiftung und
der Grafischen Sammlung*, Museum zu Allerheiligen, Schaffhausen, Schweiz
2008 *Kanton Zürich, Werkbeiträge Bildende Kunst 2008*, Zürich, Schweiz
*Glückliche Tage? Kinder in der Schweizer Kunst vom 18. Jahrhundert bis
zur Gegenwart*, Museum zu Allerheiligen, Schaffhausen, Schweiz (Katalog)
*Unterholz*, Dina4 Projekte, Berlin, Deutschland
*Stultifera Navis*, Porta Sant'Agostino, Bergamo, Italien (Katalog)
2007 *Werk- und Atelierstipendien der Stadt Zürich*, Helmhaus Zürich, Schweiz
*Poetics Country*, Ferenbalm-Gurbrü Station, Karlsruhe, Deutschland
2006 *balkanTV* von Marusic/Helbling, BINZ39, Zürich, Schweiz
*La Luna. La Diva*, likeyou projects, Zürich, Schweiz
*Linie*, Dina4 Projekte, München, Deutschland
*Speed*, Galerie staubkohler, Zürich, Schweiz
2005 *Teuflische Engel*, Galerie Artdirekt, Bern, Schweiz
*Boutique*, les complices*, Zürich, Schweiz
2004 *Cart Off-Space*, les complices*, Zürich, Schweiz
*Werkbeiträge Bildende Kunst des Kantons Zürich*, Zürich, Schweiz
Galerie artone, Zürich, Schweiz
2003 *Werkbeiträge Bildende Kunst des Kantons Zürich*, Zürich, Schweiz
Galerie artone, Zürich, Schweiz

### PREISE

2008 Werkbeitrag Kanton Zürich
2007 Anerkennungspreis Zollikon
2006 Werkbeitrag Kanton Zürich

### ÖFFENTLICHE SAMMLUNGEN

S.M.A.K., Stedelijk Museum voor Actuele Kunst, Gent, Belgien
Sturzenegger Stiftung, Schweiz
Kanton Zürich, Schweiz
Stadt Zürich, Schweiz
John Jones, England
Bank Julius Bär, Schweiz
Crédit Suisse, Schweiz
Nationale Suisse, Schweiz
Roche Sammlung, Schweiz

Sowie zahlreiche private Sammlungen

# BIO
## TATJANA GERHARD

born 1974 in Zurich
lives and works in Zurich and Ghent

## EDUCATION

1997–2001 Master class for the teaching qualification in visual arts, Zurich
University of the Arts, Zurich

1995–1997 Master class for teaching qualification in crafts, Zurich University
of the Arts, Zurich

1994–1995 Foundation courses, Zurich University of the Arts, Zurich

## SOLO EXHIBITIONS (SELECTION)

2010  *es scheint so* (Curator: Simon Maurer), Helmhaus Zürich, Switzerland (Catalog)
*Als ob sie alles wussten*, Deweer Gallery, Otegem, Belgium

2008  Rotwand, Zurich, Switzerland

2007  *ausgewildert*, Dina4 Projekte, Munich, Germany

2006  Galerie staubkohler (with Nina Weber), Zurich, Switzerland
Galerie Artdirekt, Bern, Switzerland

2005  *also dass es im Finstern stand*, les complices*, Zurich, Switzerland
Galerie Artdirekt, Bern, Switzerland

## GROUP EXHIBITIONS (SELECTION)

2010  *Hareng Saur: Ensor and Contemporary Art*, S.M.A.K. and Museum for Fine Arts,
Ghent, Belgium (Catalog)
*Portraits de Collectionneurs* Jocelyne et Fabrice Petignat, Muro Gallery,
Châtelaine, Switzerland
*in transit*, Rotwand, Zurich, Switzerland

2009  *Stipendium Vordemberge-Gildewart*, Aargauer Kunsthaus, Aarau, Switzerland
*Konferenz der Tiere — Tierdarstellungen der Sturzenegger-Stiftung und der
Grafischen Sammlung*, Museum zu Allerheiligen, Schaffhausen, Switzerland

2008  *Kanton Zürich, Werkbeiträge Bildende Kunst 2008*, Zurich, Switzerland
*Glückliche Tage? Kinder in der Switzerlander Kunst vom 18. Jahrhundert bis
zur Gegenwart*, Museum zu Allerheiligen, Schaffhausen, Switzerland (Catalog)
*Unterholz*, Dina4 Projekte, Berlin, Germany
*Stultifera Navis*, Porta Sant'Agostino, Bergamo, Italy (Catalog)

2007  *Werk- und Atelierstipendien der Stadt Zürich*, Helmhaus Zürich, Switzerland
*Poetics Country*, Ferenbalm-Gurbrü Station, Karlsruhe, Germany

2006  *balkanTV* von Marusic/Helbling, BINZ39, Zurich, Switzerland
*La Luna. La Diva*, likeyou projects, Zurich, Switzerland
*Linie*, Dina4 Projekte, Munich, Germany
*Speed*, Galerie staubkohler, Zurich, Switzerland

2005  *Teuflische Engel*, Galerie Artdirekt, Bern, Switzerland
*Boutique*, les complices*, Zurich, Switzerland

2004  *Cart Off-Space*, les complices*, Zurich, Switzerland
*Werkbeiträge Bildende Kunst des Kantons Zürich*, Zurich, Switzerland
Galerie artone, Zurich, Switzerland

2003  *Werkbeiträge Bildende Kunst des Kantons Zürich*, Zurich, Switzerland
Galerie artone, Zurich, Switzerland

## PRIZES

2008  Grant of the Canton of Zurich
2007  Zollikon Recognition Award
2006  Grant of the Canton of Zurich

## PUBLIC COLLECTIONS

S.M.A.K., Stedelijk Museum voor Actuele Kunst, Ghent, Belgium
Sturzenegger Stiftung, Switzerland
Canton of Zurich, Switzerland
City of Zurich, Switzerland
John Jones, England
Bank Julius Bär, Switzerland
Crédit Suisse, Switzerland
Nationale Suisse, Switzerland
Roche Collection, Switzerland

As well as numerous private collections

15    *Ohne Titel/Untitled*, 2008, 150 × 130 cm, Öl auf Leinwand/Oil on canvas, Privatsammlung/Private collection, Schweiz/Switzerland

I/23    *Ohne Titel/Untitled*, 2008, 80 × 70 cm, Öl auf Leinwand/Oil on canvas, Privatsammlung/Private collection, Schweiz/Switzerland

II/24    *Ohne Titel/Untitled*, 2010, 45 × 58 cm, Öl auf Leinwand/Oil on canvas, Courtesy Rotwand, Zürich

III/25    *Ohne Titel/Untitled*, 2010, 40 × 33 cm, Öl auf Leinwand/Oil on canvas, Privatsammlung/Private collection, Schweiz/Switzerland

IV/26    *Ohne Titel/Untitled*, 2009, 150 × 130 cm, Öl auf Leinwand/Oil on canvas, Privatsammlung/Private collection, Frankreich/France

V/28    *Ohne Titel/Untitled*, 2010, 60 × 50 cm, Öl auf Leinwand/Oil on canvas, Privatsammlung/Private collection, Belgien/Belgium

VI/29    *Ohne Titel/Untitled*, 2009, 45 × 57 cm, Öl auf Leinwand/Oil on canvas, Privatsammlung/Private collection, Schweiz/Switzerland

VII/30    *Ohne Titel/Untitled*, 2009, 65 × 58 cm, Öl auf Leinwand/Oil on canvas, JoMo Art Collection, Belgien/Belgium

VIII/31    *Ohne Titel/Untitled*, 2008, 170 × 140 cm, Öl auf Leinwand/Oil on canvas, Courtesy Rotwand, Zürich

IX/33    *Ohne Titel/Untitled*, 2010, 160 × 140 cm, Öl auf Leinwand/Oil on canvas, Courtesy Rotwand, Zürich

X/34    *Ohne Titel/Untitled*, 2008, 80 × 70 cm, Öl auf Leinwand/Oil on canvas, Privatsammlung/Private collection, Schweiz/Switzerland

XI/36    *Ohne Titel/Untitled*, 2010, 60 × 50 cm, Öl auf Leinwand/Oil on canvas, Privatsammlung/Private collection, Laarne, Belgien/Belgium

XII/37    *Ohne Titel/Untitled*, 2009, 50 × 60 cm, Öl auf Leinwand/Oil on canvas, Privatsammlung/Private collection, Belgien/Belgium

XIII/38    *Ohne Titel/Untitled*, 2010, 150 × 200 cm, Öl auf Leinwand/Oil on canvas, Eigentum Kanton Zürich/Collection of the Canton of Zurich

XIV/39    *Ohne Titel/Untitled*, 2010, 60 × 50 cm, Öl auf Leinwand/Oil on canvas, Privatsammlung/Private collection, Wortegem, Belgien/Belgium

XV/40    *Ohne Titel/Untitled*, 2010, 170 × 140 cm, Öl auf Leinwand/Oil on canvas, Eigentum Kanton Zürich/Collection of the Canton of Zurich

XVI/41    *Ohne Titel/Untitled*, 2008, 50 × 60 cm, Öl auf Leinwand/Oil on canvas, im Besitz der Künstlerin/Courtesy of the artist

XVII/43    *Ohne Titel/Untitled*, 2009, 80 × 70 cm, Öl auf Leinwand/Oil on canvas, Privatsammlung/Private collection, Genf/Geneva

XVIII/44    *Ebene/Plain*, 2008, 40 × 50 cm, Öl auf Leinwand/Oil on canvas, Privatsammlung/Private collection, Schweiz/Switzerland

XIX/45    *Ohne Titel/Untitled*, 2010, 170 × 150 cm, Öl auf Leinwand/Oil on canvas, Courtesy Rotwand, Zürich

XX/46    *Ohne Titel/Untitled*, 2010, 57 × 45 cm, Öl auf Leinwand/Oil on canvas, Privatsammlung/Private collection, Amsterdam

XXI/47    *Ohne Titel/Untitled*, 2008, 150 × 170 cm, Öl auf Leinwand/Oil on canvas, Courtesy Rotwand, Zürich

XXII/49    *Ohne Titel/Untitled*, 2010, 60 × 55 cm, Öl auf Leinwand/Oil on canvas, Privatsammlung/Private collection

XXIII/50    *Ohne Titel/Untitled*, 2010, 58 × 65 cm, Öl auf Leinwand/Oil on canvas, Courtesy Rotwand, Zürich

XXIV/51    *Ohne Titel/Untitled*, 2010, 60 × 50 cm, Öl auf Leinwand/Oil on canvas, Privatsammlung/Private collection

XXV/52    *Ohne Titel/Untitled*, 2010, 200 × 150 cm, Öl auf Leinwand/Oil on canvas, Privatsammlung/Private collection

XXVI/54    *Ohne Titel/Untitled*, 2010, 50 × 60 cm, Öl auf Leinwand/Oil on canvas, Courtesy Rotwand, Zürich

XXVII/55    *Ohne Titel/Untitled*, 2009, 170 × 140 cm, Öl auf Leinwand/Oil on canvas, Kunstsammlung der Stadt Zürich/Collection of the City of Zurich

XXVIII/56    *Ohne Titel/Untitled*, 2010, 57 × 45 cm, Öl auf Leinwand/Oil on canvas, Privatsammlung/Private collection, Schweiz/Switzerland

XXIX/57    *Ohne Titel/Untitled*, 2008, 50 × 40 cm, Öl auf Leinwand/Oil on canvas,

Privatsammlung/Private
collection, Belgien/Belgium

XXX/59 *Ohne Titel/Untitled*, 2009,
40 × 30 cm, Öl auf
Leinwand/Oil on canvas,
Privatsammlung/Private
collection, Amsterdam

XXXI/60 *Ohne Titel/Untitled*, 2008,
50 × 40 cm, Öl auf
Leinwand/Oil on canvas,
Sammlung Nationale
Suisse/Collection
Nationale Suisse, Basel

XXXII/61 *Ohne Titel/Untitled*, 2010,
45 × 58 cm, Öl auf
Leinwand/Oil on canvas,
Sammlung Jacquemijns/
Collection Jacquemijns

XXXIII/62 *Ohne Titel/Untitled*, 2010,
170 × 180 cm, Öl auf
Leinwand/Oil on canvas,
Courtesy DEWEER gallery,
Otegem, Belgien/Belgium

XXXIV/63 *Ohne Titel/Untitled*, 2010,
58 × 45 cm, Öl auf
Leinwand/Oil on canvas,
Courtesy Rotwand, Zürich

XXXV/65 *Ohne Titel/Untitled*, 2010,
150 × 130 cm, Öl auf
Leinwand/Oil on canvas,
Courtesy DEWEER gallery,
Otegem, Belgien/Belgium

XXXVI/66 *Ohne Titel/Untitled*, 2009,
55 × 39 cm, Öl auf
Leinwand/Oil on canvas,
Privatsammlung/Private
collection, Schweiz/
Switzerland

XXXVII/67 *Ohne Titel/Untitled*, 2010,
180 × 170 cm, Öl auf
Leinwand/Oil on canvas,
Courtesy Rotwand, Zürich

XXXVIII/69 *Ohne Titel/Untitled*, 2008,
57 × 45 cm, Öl auf
Leinwand/Oil on canvas,
Sammlung Ros De Vries/
Collection Ros de Vries

XXXIX/70 *Ohne Titel/Untitled*, 2008,
50 × 60 cm, Öl auf
Leinwand/Oil on canvas,
Sammlung S.M.A.K./
Collection S.M.A.K,
Gent/Ghent, Belgien/
Belgium

XL/71 *Ohne Titel/Untitled*, 2009,
55 × 40 cm, Öl auf
Leinwand/Oil on canvas,
Privatsammlung/Private
collection, Schweiz/
Switzerland

XLI/72 *Ohne Titel/Untitled*, 2010,
40 × 55 cm, Öl auf
Leinwand/Oil on canvas,
Courtesy Rotwand, Zürich

# IMPRESSUM/IMPRINT

Diese Publikation erscheint anlässlich der Ausstellung
Tatjana Gerhard: *es scheint so* im Helmhaus Zürich,
24. September bis 14. November 2010

This publication has been published on the occasion of the
exhibition Tatjana Gerhard: *es scheint so* at Helmhaus Zürich,
September 24 to November 14, 2010
Helmhaus Zürich, Limmatquai 31, 8001 Zürich, Schweiz
Tel +41 44 251 61 77, Fax +41 44 261 56 72
www.helmhaus.org

Herausgeber/Editor: Helmhaus Zürich
Präsidialdepartement der Stadt Zürich

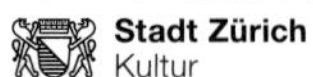


Gestaltung/Graphic design: Nadine Rinderer
Redaktion und Lektorat/Editing and copy editing: Daniel Morgenthaler
Texte/Texts: Simon Maurer, Daniel Morgenthaler
Übersetzung/Translation: Laura Bruce
Korrektorat/Proofreading: Franz Scherer
Fotografien/Photographs: Lee Li
Bildbearbeitung und Lithos/Image processing and lithography: Georg Sidler
Druck/Printing: Haller+Jenzer AG, Burgdorf
Buchbinderei/Binding: Schumacher AG, Schmitten
Schrift/Typeface: Century Schoolbook, Dolly
Papier/Paper: GardaPat 150g/m²

Bibliografische Information Der Deutschen Nationalbibliothek:
Die Deutsche Bibliothek verzeichnet diese Publikation in der Deutschen
Nationalbibliografie; detaillierte bibliografische Daten sind im Internet über
http://dnb.ddb.de abrufbar

Bibliographical information published by Die Deutsche Nationalbibliothek:
Die Deutsche Nationalbibliothek lists this publication in the Deutsche
Nationalbibliografie; detailed bibliographic data is available on the Internet at
http://dnb.ddb.de



Verlag für moderne Kunst Nürnberg, Luitpoldstrasse 5, D-90402 Nürnberg
www.vfmk.de

Distributed in the United Kingdom
Cornerhouse Publications, 70 Oxford Street, Manchester M1 5 NH, UK
phone +44-161-200 15 03, fax +44-161-200 15 04

Distributed outside Europe
D.A.P. Distributed Art Publishers, Inc., 155 Sixth Avenue, 2nd Floor,
New York, NY 10013, USA
phone +1-212-627 19 99, fax +1-212-627 94 84

Ausstellung/Exhibition: Helmhaus Zürich
Präsidialdepartement der Stadt Zürich
Kurator/Curator: Simon Maurer, Leiter/Director Helmhaus Zürich
Öffentlichkeitsarbeit/Public relations: Peter Schneider
Ausstellungssekretariat/Secretary: Margrit Meyer
Technik/Technicians: Robert Steiner, Tobias Spichtig, Regie-Betrieb IDR
Stadt Zürich
Kunstvermittlung/Art education: Kristina Gersbach
Konzertprogramm/Concert program: Juliana Müller